LE THAÏ DÉBUTANT EN 100 JOURS

LA MÉTHODE 100% NATURELLE POUR ENFIN AVOIR DES RÉSULTATS AVEC LE THAÏ !

NIVEAU DÉBUTANT

NATURA LINGUA

LE THAÏ DÉBUTANT EN 100 JOURS

Copyright © 2024 by Natura Lingua

All rights reserved.

No part of this book may be reproduced in any form or by any electronic or mechanical means, including information storage and retrieval systems, without written permission from the author, except for the use of brief quotations in a book review.

TABLE DES MATIÈRES

Bienvenue — xiii
La Méthode NaturaLingua — xvii
Les Ressources Complémentaires — xxi

AVANT DE COMMENCER

Déconstruction des mythes sur l'apprentissage du thaï — 3
Le Secret des Polyglottes — 6
Pourquoi apprendre le thaï? — 9

INSTRUCTIONS

L'alphabet thaï — 15
Guide de Prononciation Simple du Thaï pour les Francophones — 20
Comment Utiliser Ce Manuel — 23
Et la grammaire dans tout ça ? — 29
Les Ressources Complémentaires — 33

LE THAÏ EN 100 JOURS

Remarques Importantes — 39
วันที่ 1: การทักทาย — 40
Jour n°1 : Salutations — 41
วันที่ 2: สำนวนที่ใช้บ่อย — 42
Jour n°2 : Expressions Courantes — 43
วันที่ 3: คำศัพท์เกี่ยวกับการแนะนำตัว — 44
Jour n°3 : Vocabulaire de Présentation — 45
วันที่ 4: ข้อมูลส่วนบุคคล — 46
Jour n°4 : Info personnelle — 47
วันที่ 5: คำกริยาทั่วไป ฉบับที่ 1 — 48
Jour n°5 : Verbes communs I — 49
วันที่ 6: เครื่องดื่ม — 50
Jour n°6 : Boissons — 51
Rappel Important Avant de Commencer la Leçon 7 — 52

53

วันที่ 7: คำคุณศัพท์บรรยาย I	54
Jour n°7 : Adjectifs descriptifs I	55
วันที่ 8: สถานที่และทิศทาง ตอนที่ 1	56
Jour n°8 : Emplacement et directions I	57
วันที่ 9: สถานที่และทิศทาง ๒	58
Jour n°9 : Emplacement et directions II	59
วันที่ 10: คำถาม	60
Jour n°10 : Questions	61
Défi N°1 #	62
	63
วันที่ 11: วันและเวลา	64
Jour n°11 : Jours et heure	65
วันที่ 12: วันในสัปดาห์	66
Jour n°12 : Jours de la semaine	67
วันที่ 13: ครอบครัว I	68
Jour n°13 : Famille I	69
วันที่ 14: ครอบครัว Ii	70
Jour n°14 : Famille II	71
วันที่ 15: ตัวเลข 1 ถึง 10	72
Jour n°15 : Nombres de 1 à 10	73
วันที่ 16: ตัวเลข 11 ถึง 20	74
Jour n°16 : Nombres de 11 à 20	75
วันที่ 17: ช้อปปิ้ง I	76
Jour n°17 : Shopping I	77
วันที่ 18: ช้อปปิ้ง ครั้งที่สอง	78
Jour n°18 : Shopping II	79
วันที่ 19: การขนส่ง 1	80
Jour n°19 : Transport I	81
วันที่ 20: การขนส่ง 2	82
Jour n°20 : Transport II	83
Défi N°2 #	84
	85
วันที่ 21: สถานที่และที่ตั้ง I	86
Jour n°21 : Emplacement et lieux I	87
วันที่ 22: คุณศัพท์ 2	88
Jour n°22 : Adjectifs II	89
วันที่ 23: คุณศัพท์ ชุดที่ 3	90
Jour n°23 : Adjectifs III	91
วันที่ 24: สี	92

Jour n°24 : Couleurs	93
วันที่ 25: อิเล็กทรอนิกส์และเทคโนโลยี I	94
Jour n°25 : Électronique et technologie I	95
วันที่ 26: เดือนและฤดูกาล	96
Jour n°26 : Mois et saisons	97
วันที่ 27: ไม่มีเดือนและฤดูกาลอีกต่อไป	98
Jour n°27 : Plus de mois et de saisons	99
วันที่ 28: ความรู้สึก I	100
Jour n°28 : Sentiments I	101
วันที่ 29: ความรู้สึก Ii	102
Jour n°29 : Sentiments II	103
วันที่ 30: ส่วนต่างๆ ของร่างกาย I	104
Jour n°30 : Parties du corps I	105
Défi N°3 #	106
	107
วันที่ 31: ส่วนต่างๆ ของร่างกาย ภาค 2	108
Jour n°31 : Parties du corps II	109
วันที่ 32: เวลาและปฏิทิน	110
Jour n°32 : Temps et calendrier	111
วันที่ 33: อาหาร I	112
Jour n°33 : Nourriture I	113
วันที่ 34: อาหาร ชุดที่ 2	114
Jour n°34 : Aliments II	115
วันที่ 35: เครื่องดื่มและของหวาน	116
Jour n°35 : Boissons et desserts	117
วันที่ 36: การทำอาหารและห้องครัว	118
Jour n°36 : Cuisine et cuisine	119
วันที่ 36: การทำอาหารและห้องครัว	120
Jour n°36 : Cuisine et cuisine	121
วันที่ 37: การเดินทางและสถานที่ Ii	122
Jour n°37 : Voyage et lieux II	123
วันที่ 38: ฉุกเฉินและสุขภาพ	124
Jour n°38 : Urgences et santé	125
วันที่ 39: ตัวเลข 21-30	126
Jour n°39 : Nombres 21-30	127
วันที่ 40: วันในสัปดาห์	128
Jour n°40 : Jours de la semaine	129
Défi N°4 #	130
	131

วันที่ 41: ทำความสะอาด I	132
Jour n°41 : Ménage I	133
วันที่ 42: ทำความสะอาด 2	134
Jour n°42 : Ménage II	135
วันที่ 43: ทิศทางและตำแหน่ง Ii	136
Jour n°43 : Direction et emplacement II	137
วันที่ 44: ช้อปปิ้ง ครั้งที่ 3	138
Jour n°44 : Shopping III	139
วันที่ 45: เงินและการชำระเงิน	140
Jour n°45 : Argent et paiements	141
วันที่ 46: เวลาและธรรมชาติ	142
Jour n°46 : Temps et nature	143
วันที่ 47: ภัยพิบัติและภูมิศาสตร์	144
Jour n°47 : Catastrophes et géographie	145
วันที่ 48: สี	146
Jour n°48 : Couleurs	147
วันที่ 49: เทคโนโลยี I	148
Jour n°49 : Technologie I	149
วันที่ 50: เทคโนโลยี Ii	150
Jour n°50 : Technologie II	151
Défi N°5 #	152
	153
วันที่ 51: สัตว์	154
Jour n°51 : Animaux	155
วันที่ 52: พืชและธรรมชาติ	156
Jour n°52 : Plantes et nature	157
วันที่ 53: ตัวเลข 31-40	158
Jour n°53 : Nombres 31-40	159
วันที่ 54: ดนตรีและความบันเทิง	160
Jour n°54 : Musique et divertissement	161
วันที่ 55: การเดินทางและการขนส่ง ภาค 3	162
Jour n°55 : Voyage et transport III	163
วันที่ 56: ช้อปปิ้ง ครั้งที่สอง	164
Jour n°56 : Shopping II	165
วันที่ 57: ร่างกายและสุขภาพ 2	166
Jour n°57 : Corps et santé II	167
วันที่ 58: อาชีพและการทำงาน ตอนที่ 1	168
Jour n°58 : Professions et travail I	169
วันที่ 59: อุปกรณ์ในบ้าน ชุดที่ 2	170

Jour n°59 : Articles ménagers II	171
วันที่ 60: การวัดและขนาด	172
Jour n°60: Mesures et taille	173
Défi N°6 #	174
	175
วันที่ 61: อาหารและโภชนาการ 2	176
Jour n°61 : Nourriture et Alimentation II	177
วันที่ 62: วันในสัปดาห์	178
Jour n°62 : Jours de la semaine	179
วันที่ 63: เวลาและฤดูกาล	180
Jour n°63 : Temps et saisons	181
วันที่ 64: ครอบครัว ภาค 2	182
Jour n°64 : Famille II	183
วันที่ 65: ทิศทางและสถานที่ Iii	184
Jour n°65 : Directions et emplacements III	185
วันที่ 66: อารมณ์ ภาค 2	186
Jour n°66 : Émotions II	187
วันที่ 67: เทคโนโลยีและสื่อ	188
Jour n°67 : Technologie et médias	189
วันที่ 68: การอ่านและศิลปะ	190
Jour n°68: Lecture et arts	191
วันที่ 69: การเดินทางและสถานที่ Ii	192
Jour n°69 : Voyage et lieux II	193
วันที่ 70: ตัวเลข 11-20	194
Jour n°70 : Nombres 11-20	195
Défi N°7 #	196
	197
วันที่ 71: ตัวเลข 21 ถึง 30	198
Jour n°71 : Nombres de 21 à 30	199
วันที่ 72: หลากหลาย ตอนที่ 1	200
Jour n°72 : Divers I	201
วันที่ 73: การทำอาหารและห้องครัว Ii	202
Jour n°73 : Cuisine et cuisine II	203
วันที่ 74: การแพทย์และสุขภาพ ภาค 2	204
Jour n°74 : Médical et Santé II	205
วันที่ 75: การศึกษาและการเรียนรู้	206
Jour n°75 : Éducation et apprentissage	207
วันที่ 76: เงินและการช็อปปิ้ง 2	208
Jour n°76 : Argent et Shopping II	209

วันที่ 77: กินข้าวนอกบ้าน ภาค 2	210
Jour n°77 : Manger à l'extérieur II	211
วันที่ 78: บ้านและเฟอร์นิเจอร์ 2	212
Jour n°78 : Maison et meuble II	213
วันที่ 79: สภาพอากาศ Ii	214
Jour n°79 : Météo II	215
วันที่ 80: งานอดิเรกและงานอดิเรก Ii	216
Jour n°80 : Loisirs et hobbies II	217
Défi N°8 #	218
	219
วันที่ 81: การขนส่ง ภาค 2	220
Jour n°81 : Transport II	221
วันที่ 82: ธรรมชาติและภูมิศาสตร์ 2	222
Jour n°82 : Nature et Géographie II	223
วันที่ 83: เวลาและกิจวัตรประจำ	224
Jour n°83 : Temps et routine	225
วันที่ 84: อารมณ์ Iii	226
Jour n°84 : Émotions III	227
วันที่ 85: สีและรูปทรง	228
Jour n°85 : Couleurs et formes	229
วันที่ 86: ความสัมพันธ์	230
Jour n°86 : Relations	231
วันที่ 87: เสื้อผ้าและเครื่องประดับ	232
Jour n°87 : Vêtements et accessoires	233
วันที่ 88: เทคโนโลยีและสื่อ 2	234
Jour n°88 : Technologie et médias II	235
วันที่ 89: อาหารและเครื่องดื่ม ภาค 2	236
Jour n°89 : Nourriture et boissons II	237
วันที่ 90: บ้านและชีวิต	238
Jour n°90 : Maison et vie	239
Défi N°9 #	240
	241
วันที่ 91: ช้อปปิ้งและร้านค้า	242
Jour n°91 : Shopping et magasins	243
วันที่ 92: ฉุกเฉินและความปลอดภัย	244
Jour n°92 : Urgence et sécurité	245
วันที่ 93: การเดินทางและสถานที่ Iii	246
Jour n°93 : Voyage et lieux III	247
วันที่ 94: สัตว์และสัตว์เลี้ยง	248

Jour n°94 : Animaux et animaux de compagnie	249
วันที่ 95: งานและอาชีพ	250
Jour n°95 : Travail et profession	251
วันที่ 96: วันและเดือน	252
Jour n°96 : Jours et mois	253
วันที่ 97: ร่างกายและสุขภาพ	254
Jour n°97 : Corps et santé	255
วันที่ 98: การศึกษาและการเรียนรู้ ๒	256
Jour n°98 : Éducation et apprentissage II	257
วันที่ 99: หลากหลาย 2	258
Jour n°99 : Divers II	259
วันที่ 100: ขอแสดงความยินดีที่คุณได้ทำการเรียนจบคู่มือแล้ว	260
Jour n°100 : Félicitations pour avoir terminé le manuel	261
Défi N°10 #	262
	263

BRAVO ET PROCHAINES ÉTAPES

Félicitations	267
Et Maintenant ?	269
Les Ressources Complémentaires	271
À propos de l'auteur	273
Partagez Votre Expérience :	274
Du même auteur	275
Glossaire Essentiel	277

BIENVENUE

Imaginez : vous vous promenez à Bangkok, comprenant et parlant le thaï naturellement. Les phrases émergent spontanément dans votre esprit, et vous naviguez dans cette nouvelle langue avec aisance et fluidité.

C'est l'objectif de ce manuel.

Si vous lisez ces lignes, c'est que vous souhaitez maîtriser le thaï. Pour le travail ou pour le plaisir, l'objectif reste le même : y parvenir. Le problème réside dans le manque de temps. Les bons cours pour apprendre le thaï en français sont rares, et souvent, les méthodes disponibles sont compliquées ou inefficaces.

Mais votre motivation est intacte ! C'est pourquoi vous avez essayé des applications promettant monts et merveilles en quelques minutes par jour. Le résultat ? Plus de temps passé à collectionner des badges qu'à acquérir de réelles compétences en thaï. Vous avez tenté les manuels traditionnels, souvent trop complexes et centrés sur la grammaire. Peut-être avez-vous même envisagé des cours classiques, incompatible avec votre emploi du temps.

Je m'appelle François, et je connais bien cette situation.

Il y a quelques années, je suis parti faire un an de volontariat en Ukraine. Pour être efficace, je devais rapidement apprendre le russe et l'anglais. Mais la plupart des ressources d'apprentissage étaient soit trop superficielles, soit trop complexes.

Encore pire, malgré ma motivation et de longues heures devant mon écran ou plongé dans des manuels, les résultats n'étaient pas au rendez-vous. Je me sentais frustré, en colère, me demandant pourquoi l'apprentissage des langues semblait si aisé pour certains et si difficile pour moi.

J'étais sur le point de renoncer, pensant ne pas être fait pour les langues.

Puis, lors d'une soirée, j'ai rencontré un Anglais polyglotte qui parlait 11 langues. Impressionné par ses capacités linguistiques, je lui ai demandé son secret. Sa réponse, aussi simple qu'inattendue, était que l'on ne doit pas étudier une langue, mais la vivre ! Il faut apprendre une nouvelle langue comme on a appris sa langue maternelle.

Intrigué, j'ai suivi son conseil.

Après tout, je n'avais pas appris ma langue maternelle à travers des tableaux de conjugaison ou en collectionnant des badges. Non, j'ai appris le français en imitant mon entourage, en communiquant avec mes amis et ma famille.

J'ai donc abandonné mes manuels et retiré les tableaux de conjugaison des murs de ma chambre.

Je me suis mis à écouter des podcasts en anglais, à regarder des films en russe et à engager mes premières conversations. Oubliant grammaire et conjugaison, j'ai simplement utilisé ces langues. Les résultats ne se sont pas fait attendre : je comprenais de plus en plus les conversations quotidiennes, les mots et les phrases me venant naturellement à l'esprit.

Mon ami anglais avait raison : cela fonctionnait.

De la même manière qu'il est plus efficace d'apprendre à nager en se jetant à l'eau plutôt que de lire un livre sur la natation, l'apprentissage d'une langue étrangère s'effectue en s'immergeant dans la langue, en pratiquant la conversation, en écoutant et en s'adaptant à la culture et aux nuances linguistiques, plutôt que de se limiter à l'étude théorique des règles de grammaire et de vocabulaire.

C'est cette approche que je vous propose dans ce manuel Natura Lingua.

Dès la première leçon, vous allez vous immerger complètement dans le thaï.

En quelques jours, voire quelques semaines, vous commencerez à construire une base lexicale et des mécanismes mentaux qui vous permettront de comprendre et de communiquer naturellement dans la plupart des situations quotidiennes.

Attention, Natura Lingua n'est pas une solution miracle. Pour obtenir des résultats, il faudra suivre une leçon par jour pendant 100 jours. Mais si vous êtes prêt à faire cet effort, alors n'importe qui peut réussir avec notre méthode, basée directement sur les mécanismes qui vous ont permis d'apprendre votre langue maternelle.

Si vous avez déjà appris votre langue maternelle, pourquoi ne pourriez-vous pas apprendre le thaï ?

สู้ๆ (Suu suu),

François,

LA MÉTHODE NATURALINGUA

Natura Lingua vous offre une approche naturelle et intuitive qui transforme l'expérience d'apprentissage. Et ce n'est pas tout ! Chaque contenu éducatif est méticuleusement optimisé pour vous permettre d'acquérir une nouvelle langue jusqu'à 10 fois plus rapidement et efficacement que les méthodes traditionnelles.

Chaque manuel Natura Lingua repose sur quatre principes novateurs qui réinventent la manière dont on apprend les langues.

1. Le Principe de l'Entonnoir

Nous avons scrupuleusement analysé et filtré des centaines de milliers de mots pour ne retenir que ceux qui sont essentiels dans les conversations quotidiennes. Grâce à ce principe, vous développez rapidement un haut niveau de compréhension sans perdre votre temps avec des termes superflus.

2. <u>L'Assimilation Contextuelle</u>

Chaque terme est introduit dans un cadre naturel, reflétant les interactions courantes du quotidien. Résultat ? Une assimilation fluide de centaines de termes et expressions, sans jamais avoir l'impression de vraiment étudier.

3. <u>La Surcharge Progressive</u>

Chaque leçon présente méticuleusement de nouveaux mots tout en réintroduisant ceux déjà étudiés. Ainsi, jour après jour, vous progressez continuellement tout en consolidant vos acquis.

4. <u>Les Multiples Révisions Intégrées</u>

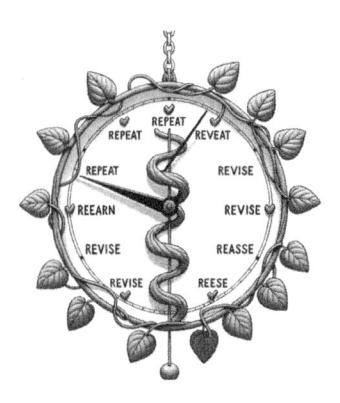

Finis les moments où le vocabulaire semblait s'évaporer de votre mémoire. Notre méthode unique assure que chaque terme est réintroduit à des intervalles stratégiques dans les leçons suivantes. Vous revisitez ainsi chaque terme jusqu'à quatre fois, renforçant sa mémorisation sans même vous en rendre compte.

Le Mécanisme

Ce qui rend "Natura Lingua" si efficace, c'est son apprentissage naturel et graduel. Chaque leçon introduit de nouveaux mots en gras tout en réutilisant les mots des leçons précédentes. De plus, chaque leçon est enrichie d'une "Note Grammaticale" pour éclairer les aspects clés de la langue, et d'une "Note Culturelle", pour éviter les faux pas lors de conversations avec des natifs.

Est-ce pour moi ?

Si vous cherchez à parler une nouvelle langue sans vous perdre dans les méandres de la grammaire, ce manuel est fait pour vous. Cependant, si vous adorez les règles grammaticales complexes et les listes interminables de vocabulaire, alors ce manuel n'est pas pour vous.

Intégrer le Manuel à Votre Quotidien

Créez une routine : dédiez un créneau chaque jour pour votre leçon de 15 minutes. Un café à la main, votre manuel ouvert devant vous, et c'est parti !

RMQ. Je vous recommande vivement de télécharger l'audio qui accompagne les leçons. Il renforcera grandement votre compréhension et votre prononciation. Utiliser ce manuel sans l'audio, c'est comme déguster une tartine sans confiture : vous manquez l'essentiel.

LES RESSOURCES COMPLÉMENTAIRES

TÉLÉCHARGEZ LES RESSOURCES ASSOCIÉES À CE MANUEL ET DÉCUPLEZ VOS POSSIBILITÉS DE RÉUSSITE.

Scannez ce QR code pour y accéder

SCANNEZ-MOI !

Ou cliquez ici https://www.natura-lingua.com/telechargement

- **Optimisez votre apprentissage avec l'audio :** Pour améliorer considérablement vos compétences linguistiques, nous vous conseillons vivement de télécharger les fichiers

audio qui accompagnent ce manuel. Cela renforcera votre compréhension orale et votre prononciation.

- **Améliorez votre apprentissage avec les flashcards** : Les flashcards sont d'excellents outils pour la mémorisation du vocabulaire. Nous vous encourageons fortement à les utiliser pour maximiser vos résultats. Téléchargez notre jeu de cartes, spécialement conçu pour ce manuel.

- **Rejoignez notre communauté d'apprentissage** : Si vous cherchez à échanger avec d'autres passionnés des langues via "Natura Lingua", nous vous invitons à rejoindre notre groupe en ligne. Dans cette communauté, vous aurez l'opportunité de poser vos questions, de rencontrer des partenaires d'apprentissage et de partager vos avancées.

- **Explorez davantage avec d'autres manuels Natura Lingua** : Si cette méthode vous plaît, sachez qu'il existe d'autres manuels similaires pour différentes langues. Découvrez notre collection complète de manuels pour enrichir votre expérience d'apprentissage linguistique de manière naturelle et progressive.

Nous sommes là pour vous accompagner dans votre apprentissage de la langue cible. Pour des résultats optimaux, nous vous recommandons vivement de télécharger l'audio et d'utiliser les flashcards. Ces ressources supplémentaires sont conçues pour faciliter encore davantage votre parcours.

Bonne continuation !

AVANT DE COMMENCER

DÉCONSTRUCTION DES MYTHES SUR L'APPRENTISSAGE DU THAÏ

L'apprentissage du thaï est souvent entouré de mythes et d'idées préconçues qui peuvent décourager les débutants avant même qu'ils n'aient commencé. L'un des mythes les plus répandus est que le thaï est une langue extrêmement difficile à apprendre pour les locuteurs non natifs, en particulier pour ceux dont la langue maternelle est une langue indo-européenne. Cependant, cette croyance, comme beaucoup d'autres, mérite d'être déconstruite pour révéler une réalité plus nuancée et encourageante.

Mythe 1 : Le thaï est trop complexe à cause de son système d'écriture unique.

Bien que l'alphabet thaï et son système d'écriture soient effectivement uniques, cela ne signifie pas pour autant qu'ils sont impossibles à maîtriser. Comme pour toute langue, l'apprentissage de l'écriture thaïe demande du temps et de la pratique. De nombreux apprenants ont réussi à surmonter cette étape, découvrant même un intérêt et une passion pour la beauté de l'écriture thaïe.

Mythe 2 : Le thaï est inutile en dehors de la Thaïlande.

Ce mythe ignore l'importance croissante de la Thaïlande sur la scène internationale, tant sur le plan touristique qu'économique. Parler thaï ouvre des portes dans les domaines du commerce, du tourisme et de la diplomatie. De plus, apprendre une langue, quelle qu'elle soit, enrichit personnellement et culturellement, favorisant une meilleure compréhension et appréciation des différences culturelles.

Mythe 3 : Il est impossible d'apprendre le thaï sans vivre en Thaïlande.

Avec les technologies modernes et l'accès à internet, il est tout à fait possible d'apprendre le thaï de manière efficace depuis n'importe quel endroit dans le monde. Des communautés en ligne, des applications, des vidéos et des podcasts offrent des ressources abondantes pour pratiquer la langue et interagir avec des locuteurs natifs.

Mythe 4 : Le thaï est trop difficile à prononcer correctement.

Si le thaï possède effectivement des sons qui n'existent pas dans d'autres langues, cela ne constitue pas un obstacle insurmontable. Avec une pratique régulière et une bonne écoute, les apprenants peuvent grandement améliorer leur prononciation. De nombreux étrangers parlant couramment le thaï avec une excellente prononciation témoignent de cette possibilité.

Mythe 5 : Il faut avoir un "don" pour les langues pour apprendre le thaï.

Cette idée reçue est non seulement fausse mais aussi décourageante. L'apprentissage d'une langue, y compris le thaï, repose sur la motivation, la persévérance et les bonnes méthodes d'étude plutôt que sur un talent inné. Des personnes de tous âges et de tous horizons ont réussi à apprendre le thaï, prouvant que la détermination est la clé du succès.

La vraie difficulté souvent méconnue
La principale difficulté dans l'apprentissage du thaï n'est pas tant sa complexité linguistique, mais plutôt le manque de persévérance face aux premiers obstacles. L'apprentissage d'une langue est un marathon, pas un sprint. La clé est de maintenir une pratique régulière, de rester curieux et ouvert d'esprit, et de ne pas craindre de faire des erreurs.

En conclusion, bien que l'apprentissage du thaï présente des défis, ceux-ci ne sont pas insurmontables. En déconstruisant ces mythes, nous pouvons aborder l'étude du thaï avec une perspective plus positive et réaliste, ouvrant la voie à une expérience d'apprentissage enrichissante et réussie.

LE SECRET DES POLYGLOTTES

Avez-vous déjà pensé qu'apprendre plusieurs langues était un exploit réservé à une poignée de génies ? Prenons l'exemple du cardinal Giuseppe Mezzofanti, une légende capable de parler entre 38 et 72 langues, selon les sources. Ce qui rend son accomplissement encore plus extraordinaire, c'est qu'il a vécu à une époque où il n'y avait ni internet, ni applications, ni manuels abondants. Pourtant, il a atteint une maîtrise linguistique que peu de gens peuvent égaler aujourd'hui. Un autre exemple fascinant est celui de Kato Lomb, une interprète hongroise qui parlait couramment 16 langues et pouvait se débrouiller dans 11 autres.

Mais comment ont-ils fait ?

Ces prodiges avaient compris quelque chose que beaucoup ignorent. Contrairement à l'idée reçue que l'apprentissage d'une langue nécessite des manuels complexes, des cours intensifs et des années d'efforts, Mezzofanti et Lomb ont adopté une approche bien plus simple et naturelle. Pour eux, apprendre une langue n'était ni une corvée, ni un obstacle insurmontable. Au contraire, cela pouvait être un processus fluide et presque instinctif.

Et si la difficulté d'apprendre une langue n'était qu'une illusion ?

Beaucoup de gens pensent que devenir polyglotte demande un don particulier ou des années de pratique intense. Pourtant, cette idée est fausse. Apprendre une langue n'est pas aussi difficile qu'on le croit. Ce qui semble être une montagne infranchissable est souvent une simple question de méthode.

Mezzofanti traduisait des textes religieux pour apprendre. De son côté, Kato Lomb traduisait les livres étrangers qu'elle trouvait dans les bibliothèques. Cette méthode leur permettait non seulement de progresser rapidement, mais aussi d'apprendre de manière naturelle. Le secret ? La régularité et l'immersion à travers la traduction : en convertissant des textes d'une langue étrangère vers leur langue maternelle, puis en les retraduisant dans la langue d'origine, ils renforçaient peu à peu leur maîtrise.

Et vous, comment pouvez-vous faire la même chose ?

Vous n'avez pas besoin de cours coûteux ni de techniques compliquées. Choisissez des textes simples dans la langue que vous souhaitez apprendre, traduisez-les dans votre langue maternelle, puis retraduisez-les dans la langue d'origine. Cette méthode, en apparence simple, vous permet de vous immerger profondément dans la langue et d'assimiler naturellement ses structures et son vocabulaire.

C'est le moment de passer à l'action.

Avec la méthode NaturaLingua, inspirée des approches naturelles de Mezzofanti et Lomb, vous pouvez enfin surmonter la barrière des langues. Ne laissez plus la peur ou les idées reçues vous arrêter. Plongez dans l'aventure et découvrez le plaisir d'apprendre, de comprendre et de parler une nouvelle langue, une traduction à la fois. Êtes-vous prêt à relever le défi et enrichir votre vie avec de nouvelles langues ?

POURQUOI APPRENDRE LE THAÏ?

Si vous parcourez ce texte, c'est que l'apprentissage du thaï vous intéresse. Abordons la question de la motivation. L'apprentissage d'une nouvelle langue est un voyage fascinant, et le thaï ne fait pas exception. Voici 7 sources d'inspiration pour stimuler votre envie d'apprendre cette langue magnifique.

1. **Ouvrir les portes de la Thaïlande** : Apprendre le thaï, c'est détenir la clé d'une culture riche et d'une histoire fascinante. Imaginez-vous parcourir les temples anciens, négocier dans les marchés locaux et vous lier d'amitié avec les habitants, le tout dans leur langue maternelle.

2. **Une expérience culinaire authentique** : La cuisine thaïlandaise est célèbre dans le monde entier. Apprendre le thaï vous permettra de découvrir des recettes traditionnelles,

de comprendre les menus et même de commander des plats comme un local.

3. **Avantages professionnels** : Dans un monde globalisé, parler plusieurs langues est un atout majeur. Le thaï peut ouvrir des portes dans des secteurs tels que le tourisme, la diplomatie ou le commerce international.

4. **Renforcer les capacités cognitives** : L'apprentissage d'une nouvelle langue stimule le cerveau, améliore la mémoire et la concentration. Le thaï, avec son alphabet unique et sa structure grammaticale, représente un défi intellectuel enrichissant.

5. **Une communauté accueillante** : La communauté des apprenants de thaï est diverse et solidaire. Vous trouverez des groupes, des forums et des applications où partager vos progrès, poser des questions et pratiquer la langue.

6. **Accès à des œuvres originales** : Maîtriser le thaï vous ouvre un monde de littérature, de cinéma et de musique dans leur forme originale. C'est une opportunité de comprendre la culture thaïlandaise à un niveau plus profond.

7. **Un voyage personnel** : Apprendre le thaï est aussi un voyage intérieur. C'est l'occasion de se dépasser, de découvrir

de nouvelles facettes de soi-même et de cultiver la patience et la persévérance.

L'apprentissage d'une langue est une aventure qui demande du temps et de l'engagement. Mais chaque mot appris, chaque phrase comprise, vous rapproche un peu plus de vos objectifs. Ne laissez pas la peur de l'échec vous arrêter. Embrassez le processus, célébrez chaque petite victoire et continuez à avancer. Le monde du thaï vous attend avec des richesses inimaginables. Lancez-vous et ne regardez pas en arrière !

INSTRUCTIONS

L'ALPHABET THAÏ

L'alphabet thaï est composé de 44 consonnes, 15 symboles voyelles qui se combinent en au moins 28 formes de voyelles, et 4 diacritiques pour marquer les tons.

Les 44 Consonnes

Les consonnes thaïes sont réparties en trois classes de ton, qui jouent un rôle crucial dans la détermination du ton d'une syllabe. Voici une liste exhaustive des consonnes, en notant leur classe de tonalité :

Classe basse

- ก (g) - k
- ข (k) - kh
- ค (k) - k
- ฆ (kh) - kh
- ง (ng) - ng
- จ (j) - ch
- ฉ (ch) - ch

- ช (ch) - ch
- ซ (s) - s
- ฌ (ch) - ch
- ญ (y) - y
- ฎ (d) - d
- ฏ (t) - t
- ฐ (th) - th
- ฑ (th) - th
- ฒ (th) - th
- ณ (n) - n
- ด (d) - d
- ต (t) - t
- ถ (th) - th
- ท (th) - th
- ธ (th) - th
- น (n) - n
- บ (b) - b
- ป (p) - p
- ผ (ph) - ph
- ฝ (f) - f
- พ (ph) - ph
- ฟ (f) - f
- ภ (ph) - ph
- ม (m) - m
- ย (y) - y
- ร (r) - r
- ล (l) - l
- ว (w) - w
- ศ (s) - s
- ษ (s) - s
- ส (s) - s

- ห (h) - h
- ฬ (l) - l
- อ ('o) - ' (glottal stop)
- ฮ (h) - h

Classe moyenne

- ค (kh) - k
- ฆ (kh) - kh

Classe haute

- ข (kh) - k
- ฅ (kh) - kh

(Notez que certains caractères peuvent apparaître dans plusieurs classes selon leur utilisation et prononciation spécifiques.)

28 formes de voyelles :

Les 28 formes de voyelles en thaï sont des combinaisons de symboles voyelles qui se placent autour des consonnes pour créer différents sons. Ces formes peuvent se manifester avant, après, au-dessus, en dessous, ou tout autour des consonnes, offrant une richesse phonétique particulière à la langue thaïe. Voici une description des 28 formes de voyelles, en tenant compte de leur prononciation générale et de leur position relative à la consonne :

- อะ - a court, après la consonne.
- อา - a long, après la consonne.
- เอะ - e court, avant la consonne.
- เอ - e long, avant la consonne.
- แอะ - ae court, avant la consonne.
- แอ - ae long, avant la consonne.
- โอะ - o court, avant la consonne.
- โอ - o long, avant la consonne.
- เอาะ - o court (dans une combinaison différente), avant la consonne.
- ออ - o long, après la consonne.
- อัวะ - ua court, après la consonne.
- อัว - ua long, après la consonne.
- เอือะ - ue court (combinaison particulière), avant et au-dessus de la consonne.
- เอือ - ue long, avant et au-dessus de la consonne.
- อิ - i court, au-dessus de la consonne.
- อี - i long, au-dessus de la consonne.
- อึ - ue court, au-dessus de la consonne.
- อื - ue long, au-dessus de la consonne.
- อุ - u court, au-dessus de la consonne.
- อู - u long, au-dessus de la consonne.
- เอียะ - ia court, avant et au-dessus de la consonne.
- เอีย - ia long, avant et au-dessus de la consonne.
- เอือย - ueai (combinaison spécifique), avant, au-dessus et après la consonne.
- อัย - ai, après la consonne.
- ไอ - ai, avant la consonne.
- เอา - au, avant la consonne.
- อำ - am, après la consonne avec le symbole de la voyelle am.

- เออะ - er court, avant la consonne.

Ces formes sont essentielles pour prononcer correctement les mots thaïs, car le son de chaque voyelle peut changer significativement selon sa forme. La maîtrise de ces formes est un aspect crucial de l'apprentissage de la langue thaïe, et la pratique régulière avec des ressources audiovisuelles peut grandement aider à comprendre et à utiliser correctement ces différents sons.

Les 4 diacritiques :

Les tons en thaï sont indiqués par l'absence ou la présence de marques spécifiques, en plus de la classe de la consonne initiale et de la longueur de la voyelle.

- ไม่มีเครื่องหมาย (Tonalité moyenne) - Aucun diacritique
- ◌่ (Mai ek) - Tonalité basse
- ◌้ (Mai tho) - Tonalité descendante
- ◌๊ (Mai tri) - Tonalité haute
- ◌๋ (Mai chattawa) - Tonalité montante

GUIDE DE PRONONCIATION SIMPLE DU THAÏ POUR LES FRANCOPHONES

Le thaï est une langue tonale, ce qui signifie que la hauteur de la voix peut changer le sens d'un mot. Cependant, ne vous inquiétez pas, avec un peu de pratique, vous vous y habituerez. Voici quelques conseils pour vous aider à démarrer.

Les Voyelles

- **a** comme dans "papa". Exemple : มา (ma) = venir.
- **e** court comme dans "net". Exemple : เมล็ด (met) = graine.
- **ee** long comme dans "fête". Exemple : ดี (dee) = bon.
- **i** court comme dans "livre". Exemple : มิ (mi) = ne pas (négation).
- **ii** long comme dans "si". Exemple : ศิลป์ (silp) = art.
- **o** court comme dans "porte". Exemple : ก้อน (kon) = morceau.
- **oo** long comme dans "zoo". Exemple : หมู (moo) = porc.

- **u** court comme dans "lune". Exemple : กุล (kul) = élite.
- **uu** long comme dans "fou". Exemple : กู้ (kuu) = emprunter.

Les Consonnes

La plupart des consonnes se prononcent comme en français, mais il y a quelques exceptions :

- ก se prononce comme "k" mais sans expulser d'air. Pensez à dire "k" avec votre main devant votre bouche et sans sentir d'air.
- ด et ต sont proches de "d" et "t" mais avec la langue touchant les dents supérieures.
- บ et ป sont comme "b" et "p" mais moins explosifs.
- ศ, ษ, ส se prononcent tous comme "s".
- ฉ se prononce comme "ch" dans "chat".
- ญ et ย sont proches du "y" dans "yeux".

Les Tons

Le thaï a 5 tons qui peuvent changer le sens d'un mot. Imaginez une mélodie avec ces tons :

1. **Ton moyen** : plat, comme dans une conversation normale.

2. **Ton bas** : commencez un peu plus bas que votre ton normal et restez plat.

3. **Ton descendant** : commencez à votre ton normal puis descendez.

4. **Ton haut** : plus haut que votre ton normal et plat.

5. **Ton montant** : commencez bas et montez vers votre ton normal.

Exemple Pratique

- ข้าว (khaao) avec un ton haut signifie "riz".
- คาว (khaao) avec un ton montant signifie "fort (odeur)

Conseils Finaux

- Écoutez autant que possible. Les chansons, les films et les séries en thaï sont d'excellentes ressources.
- Pratiquez avec un locuteur natif. Cela vous aidera à vous habituer aux tons et à la prononciation correcte.
- N'ayez pas peur de faire des erreurs. C'est en pratiquant que vous apprendrez le mieux.

Bonne chance dans votre apprentissage du thaï !

COMMENT UTILISER CE MANUEL

Phase N°1 :

1. Lisez le texte dans la langue que vous apprenez à haute voix, en écoutant l'audio correspondant (à télécharger).
2. Essayez de traduire le texte en français, sans consulter la traduction.
3. Vérifiez avec la traduction officielle pour compléter la vôtre.

Cette phase facilite l'assimilation de la structure et du vocabulaire de la langue, et renforce la compréhension.

DAG NR 7: BESKRIVANDE ADJEKTIV 1

1. Hej! **Trevligt** att träffas. Vad gillar du att dricka?
2. Hej! Jag gillar **varmt** kaffe och **kall** läsk.
3. Jag föredrar **ny** juice eller **kallt** vatten. Är vinet **bra** här?
4. Ja, vinet är **bra**, men ölet är **dåligt**. Det är för **långsamt** att komma.
5. Jag jobbar här och vinet är **nytt**. Prova det!
6. Okej, jag tar ett glas vin. Och du?
7. Jag tar en **stor** öl. Jag bor nära och gillar att komma hit.
8. **Bra** val! Skål för en trevlig kväll!

✦ En sudden, les adjectifs descriptifs s'accordent en genre et en nombre avec le nom qu'ils qualifient.

JOUR N°7 : ADJECTIFS DESCRIPTIFS 1

1. Salut ! **Enchanté(e)** de te rencontrer. Qu'est-ce que tu aimes boire ?
2. Salut ! J'aime le café **chaud** et les sodas **froids**.
3. Je préfère un jus **frais** ou de l'eau **froide**. Le vin est-il **bon** ici ?
4. Oui, le vin est **bon**, mais la bière est **mauvaise**. Elle met trop de temps à arriver.
5. Je travaille ici et le vin est **nouveau**. Essaye-le !
6. D'accord, je prendrai un verre de vin. Et toi ?
7. Je prendrai une **grande bière**. J'habite à proximité et j'aime venir ici.
8. **Bon** choix ! À la santé d'une **belle** soirée !

✦ La dernière traduction utilise souvent l'adjectif "agréable" qui signifie "juste ce qu'il faut", reflétant une quête d'équilibre et de modération culturelle.

Salut ! Agréable de se rencontrer. Qu'aimes-tu boire ?

Salut ! J'aime le café chaud et les boissons froides gazeuses.

Je préfère du jus frais ou de l'eau froide. Le vin est-il bon ici ?

Oui, le vin est bon, mais la bière est mauvaise. C'est trop lent à arriver.

Je travaille ici et le vin est nouveau. Essaie-le ! D'accord, je prends un verre de vin. Et toi ?

Je prends une grande bière. J'habite près et j'aime venir ici.

Bon choix ! Trinquons pour une belle soirée !

Phase N°2 (à partir de la leçon N°7) :

1. Pour chaque leçon à partir de la N°7, traduisez d'abord le texte de cette leçon (N°7, N°8, etc.) de la langue cible vers le français.
2. Ensuite, revenez 6 leçons en arrière et traduisez la version française du texte de cette leçon du français vers la langue cible, sans vous référer au texte original.
3. Comparez votre traduction avec le texte original de cette leçon et ajustez si nécessaire.
4. Lisez à haute voix le texte original de cette leçon, en écoutant l'audio.

Cette phase stimule l'activation du vocabulaire déjà acquis et favorise l'amélioration de vos compétences de communication.

DAG 1: HÄLSNINGAR

1. Hej! God morgon!
2. Hej! God morgon, hur mår du?
3. Jag mår bra, tack. Och du?
4. Också bra, tack. Tack. God eftermiddag!
5. Tack, god eftermiddag! Ska vi ses senare?
6. Ja, vi ses senare. God kväll!
7. God kväll! Adjö!
8. Adjö! God natt!
9. God natt!

✦ För modellen, läs texten högt och skriv med ditt eget handskrift, tänk på att uttalet av orden är det viktigaste medan du tittar på texten.

1. Salut! Coucou!
2. Salut! Coucou, ça va?
3. Ça va bien, merci. Et toi, comment ça va?
4.
5. Merci, toi aussi. Bon, après-midi! On se revoit plus tard?
6. Oui, à plus tard. Passe une bonne soirée!
7. Toi aussi, bonne soirée! Bye!
8. Bye! Fais de beaux rêves!
9. Merci, dors bien.!

JOUR N°1: SALUTATIONS

1. Salut! Bonjour!
2. Salut! Bonjour, comment vas-tu?
3. Je vais bien, merci. Et toi?
4. Aussi bien, merci. Bon après-midi!
5. Merci, bon après-midi! On se voit plus tard?
6. Oui, on se voit plus tard. Bonne soirée!
7. Bonne soirée! Au revoir!
8. Au revoir! Bonne nuit!
9. Bonne nuit!

✦ En suède, il est courant de se saluer en se serrant la main fermement et en regardant son interlocuteur dans les yeux.

1. Hej! Goddag!
2. Hej! Goddag!
3. Jag mår bra, tack. Och du?
4. Jag mår också bra, tack. Hej en trevlig eftermiddag!
5. Tack, ha en trevlig eftermiddag! Ses vi senare? Ha en trevlig
6. Ja, vi ses senare. Ha en trevlig kväll!
7. Trevlig kväll! Hej då!
8. Hej då! God natt!
9. God natt!

Continuez de la même manière pour les leçons suivantes. Par exemple, pour la leçon N°8, traduisez d'abord le texte de la leçon N°8 de la langue cible vers le français, puis traduisez le texte de la leçon N°2 du français vers la langue cible, et ainsi de suite.

De plus, toutes les 10 leçons, un petit défi vous attend pour mettre en pratique vos connaissances.

Remarque : Vos traductions n'ont pas besoin de correspondre parfaitement aux textes du manuel, mais elles doivent transmettre un sens similaire. Si vous utilisez la version papier du manuel, notez vos traductions directement en bas du texte, sinon utilisez un cahier à part.

ET LA GRAMMAIRE DANS TOUT ÇA ?

On vous a sûrement déjà dit que la maîtrise d'une langue commence par la grammaire. Pourtant, cette approche classique est non seulement décourageante, mais elle est aussi contre-productive. Apprendre une langue, c'est avant tout se plonger dans un univers vivant et comprendre comment les mots et les phrases s'animent dans un contexte réel, pas en récitant des règles à l'infini.

La première erreur que commettent de nombreux apprenants est d'essayer de mémoriser des règles de grammaire par cœur. C'est fastidieux, démotivant et inefficace. Pourquoi ? Parce que notre cerveau retient mieux ce qui a du sens et qui est utilisé régulièrement. Les règles, sans contexte, sont rapidement oubliées. C'est un apprentissage déconnecté de la réalité : au lieu de parler, de ressentir et de s'immerger dans la langue, on se noie dans des théories stériles.

. . .

Nous croyons fermement que la grammaire d'une langue ne doit pas être apprise avant, mais bien à travers son usage naturel. Notre méthode repose sur un principe simple : vous commencez par utiliser la langue, puis vous ajustez vos compréhensions grammaticales en fonction des situations rencontrées. Vous apprenez à parler et à comprendre, comme un enfant qui découvre sa langue maternelle. Quand une question de grammaire surgit, vous trouvez la réponse et vous la retenez parce qu'elle est pertinente à ce moment précis.

Comment ça fonctionne concrètement ?

1. Immergez-vous dans la langue, sans vous inquiéter des règles grammaticales au départ.
2. Quand une question de grammaire surgit naturellement ("Pourquoi utilise-t-on ce mot ici ?"), cherchez la réponse.
3. Notez les points de grammaire rencontrés sur une page à part ou sur une feuille blanche de ce manuel, comme dans un carnet de bord grammatical.
4. Répétez ce processus, question après question, et voyez comment votre compréhension se renforce sans même avoir l'impression d'étudier.

En utilisant cette méthode, vous pourrez obtenir des résultats concrets : chaque point grammatical s'ancre dans un contexte réel, ce qui vous permet de mieux le retenir et plus longtemps. Plutôt que de stagner dans des livres de grammaire, vous utiliserez immédiatement la langue, gagnant ainsi en aisance et en confiance dans vos communications. Enfin, vous prendrez plus de plaisir : l'apprentissage deviendra un voyage captivant, où chaque découverte sera une victoire personnelle. La grammaire se transformera en une alliée, et non un obstacle, vous permettant de progresser de manière fluide et naturelle.

Avec Natura Lingua, vous ne suivez pas une méthode rigide, vous vivez la langue. La grammaire n'est plus une montagne à gravir, mais un chemin naturel qui se révèle progressivement à vous, au fur et à mesure de votre parcours.

LES RESSOURCES COMPLÉMENTAIRES

TÉLÉCHARGEZ LES RESSOURCES ASSOCIÉES À CE MANUEL ET DÉCUPLEZ VOS POSSIBILITÉS DE RÉUSSITE.

Scannez ce QR code pour y accéder

SCANNEZ-MOI !

Ou cliquez ici https://www.natura-lingua.com/telechargement

- **Optimisez votre apprentissage avec l'audio :** Pour améliorer considérablement vos compétences linguistiques, nous vous conseillons vivement de télécharger les fichiers

audio qui accompagnent ce manuel. Cela renforcera votre compréhension orale et votre prononciation.

- **Améliorez votre apprentissage avec les flashcards :** Les flashcards sont d'excellents outils pour la mémorisation du vocabulaire. Nous vous encourageons fortement à les utiliser pour maximiser vos résultats. Téléchargez notre jeu de cartes, spécialement conçu pour ce manuel.

- **Rejoignez notre communauté d'apprentissage :** Si vous cherchez à échanger avec d'autres passionnés des langues via "Natura Lingua", nous vous invitons à rejoindre notre groupe en ligne. Dans cette communauté, vous aurez l'opportunité de poser vos questions, de rencontrer des partenaires d'apprentissage et de partager vos avancées.

- **Explorez davantage avec d'autres manuels Natura Lingua** : Si cette méthode vous plaît, sachez qu'il existe d'autres manuels similaires pour différentes langues. Découvrez notre collection complète de manuels pour enrichir votre expérience d'apprentissage linguistique de manière naturelle et progressive.

Nous sommes là pour vous accompagner dans votre apprentissage de la langue cible. Pour des résultats optimaux, nous vous recommandons vivement de télécharger l'audio et d'utiliser les flashcards. Ces ressources supplémentaires sont conçues pour faciliter encore davantage votre parcours.

Bonne continuation !

LE THAÏ EN 100 JOURS

Cochez une case ci-dessous après chaque leçon terminée. Cela vous aidera à suivre vos progrès et à rester motivé tout au long de votre apprentissage.

REMARQUES IMPORTANTES

1. L'Essentiel : Vocabulaire et Phrases Clés : Dans chaque leçon de Natura Lingua, nous choisissons avec soin les mots et les expressions les plus utiles et appropriés au thème étudié. L'objectif est de vous familiariser avec les tournures les plus fréquemment utilisées dans la langue cible. Parfois, le sens général des textes peut sembler étonnant, mais ne vous inquiétez pas, c'est une partie essentielle de notre méthode. Cela vous aide à vous concentrer sur les aspects pratiques de la langue, accélérant ainsi votre apprentissage pour une meilleure compréhension et une communication plus efficace.

2. Traduction : Au Plus Près de l'Original : Nous traduisons de manière à rester fidèles au texte source, capturant la manière dont les phrases sont structurées et les idées véhiculées dans la langue cible. Notre objectif n'est pas une perfection syntaxique en français, mais plutôt de vous donner un aperçu authentique de la pensée et de la structure de la langue que vous apprenez. Cette méthode vous plonge dans la langue, vous permettant d'acquérir une compréhension plus naturelle et intuitive. Notre but est de vous aider à penser et à communiquer couramment dans la langue apprise, et pas seulement à la comprendre. Nous souhaitons vous préparer à utiliser la langue de manière pratique et sûre dans votre quotidien.

วันที่ 1: การทักทาย

1. **สวัสดี**
2. **สวัสดีตอนบ่าย**
3. **สวัสดีตอนเย็น** คุณสบายดีไหม?
4. ไม่เป็นไร, **ขอบคุณ**
5. **ราตรีสวัสดิ์**
6. **ราตรีสวัสดิ์** เจอกันใหม่
7. **ลาก่อน**

✤ En thaï, les noms ne changent pas de forme pour le pluriel; on utilise des mots de quantité pour préciser.

1. **sawasdee**
2. **sawasdee ton bai**
3. **sawasdee ton yen** khun sabai dee mai?
4. mai pen rai, **khob khun**
5. **ratree sawasdit**
6. **ratree sawasdit** jer gun mai
7. **la korn**

JOUR N°1 : SALUTATIONS

1. **Bonjour**
2. **Bon après-midi**
3. **Bonsoir**, comment vas-tu ?
4. Ça va, **merci**
5. **Bonne nuit**
6. **Bonne nuit**, à bientôt
7. **Au revoir**

✤ En Thaïlande, le "wai", une salutation traditionnelle, consiste à joindre les mains et à s'incliner légèrement, symbolisant respect et hospitalité.

วันที่ 2: สำนวนที่ใช้บ่อย

1. สวัสดี
2. สวัสดีตอนบ่าย, **กรุณา** คุณมีเสื้อขนาด **เล็ก** หรือ **ใหญ่**?
3. **ใช่, ฉันมีทั้งขนาด เล็ก และ ใหญ่**.
4. **อาจจะ** ฉันต้องการขนาด **ใหญ่**.
5. **ตกลง**, ขนาด **ใหญ่** นะครับ/ค่ะ.
6. **ขอโทษครับ/ค่ะ**, ฉัน **เสียใจ** ขนาด **ใหญ่** หมดแล้ว.
7. **ไม่** มีปัญหา, ฉันจะกลับมาอีกครั้ง.
8. สวัสดีตอนเย็น
9. ลาก่อน

✤ En thaï, le verbe ne change pas de forme selon le sujet ou le temps.

1. sawasdee
2. sawasdee ton bai, **karunaa** khun mee suea khanad **lek** rue **yai**?
3. **chai, chan mee thang khanad lek lae yai**.
4. **aatcha** chan tongkaan khanad **yai**.
5. **toklong**, khanad **yai** na khrap/kha.
6. **kho thot khrap/kha**, chan **sia jai** khanad **yai** mot laew.
7. **mai** mee panha, chan ja glap maa eek krang.
8. sawasdee ton yen
9. laa gon

JOUR N°2 : EXPRESSIONS COURANTES

1. Bonjour,
2. Bonjour, **s'il vous plaît**, avez-vous des chemises en taille **petite** ou **grande** ?
3. **Oui, j'ai des tailles petite et grande.**
4. **Peut-être** que je voudrais une taille **grande**.
5. **D'accord**, une taille **grande** alors.
6. **Je suis désolé(e)**, je **regrette** mais les tailles **grandes** sont épuisées.
7. **Pas** de problème, je reviendrai une autre fois.
8. Bonsoir,
9. Au revoir

✤ En Thaïlande, l'expression "Hai Kin Kluay" signifie littéralement "donner à manger des bananes", utilisée pour parler de quelqu'un qui flirte ou courtise.

วันที่ 3: คำศัพท์เกี่ยวกับการแนะนำตัว

1. สวัสดีครับ, **ฉันชื่อ** ปีเตอร์
2. สวัสดีค่ะ, **ฉันชื่อ** สุดา
3. **คุณสบายดีไหม?**
4. **ฉันสบายดี ค่ะ, ขอบคุณ! คุณล่ะ?**
5. **ฉันสบายดี** ครับ
6. **คุณอายุเท่าไหร่?**
7. **ฉันอายุ 25 ปี**
8. อ๋อ, ตกลงค่ะ

✤ En thaï, l'adjectif se place après le nom qu'il qualifie.

1. sawasdee khrap, **chan chue** Peter
2. sawasdee kha, **chan chue** Suda
3. **khun sabai dee mai?**
4. **chan sabai dee kha, khob khun! khun la?**
5. **chan sabai dee** khrap
6. **khun ayu thao rai?**
7. **chan ayu 25 pi**
8. o, toklong kha

JOUR N°3 : VOCABULAIRE DE PRÉSENTATION

1. Bonjour, **je m'appelle** Peter.
2. Bonjour, **je m'appelle** Suda.
3. **Comment vas-tu ?**
4. **Je vais bien, merci ! Et toi ?**
5. **Je vais bien** aussi.
6. **Quel âge as-tu ?**
7. **J'ai 25 ans.**
8. Ah, d'accord.

✤ En Thaïlande, le "wai" est un rituel de salutation respectueux, consistant à joindre les mains comme pour prier et à s'incliner légèrement.

วันที่ 4 : ข้อมูลส่วนบุคคล

1. สวัสดีตอนบ่าย
2. คุณมาจากที่ไหน
3. ฉันมาจากประเทศไทย
4. คุณอยู่ที่ไหน
5. ฉันอยู่ที่กรุงเทพ
6. คุณทำอะไร
7. ฉันเป็นนักเรียน
8. คุณชอบอะไร
9. ฉันชอบดนตรีและกีฬา
10. ยินดีที่ได้พบคุณ
11. ขอให้มีวันที่ดี

✤ En thaï, il n'y a pas d'article défini comme "le" ou "la" en français.

1. sawasdee ton bai
2. khun ma jak thi nai
3. chan ma jak prathet Thai
4. khun yu thi nai
5. chan yu thi krung thep
6. khun tham arai
7. chan bpen nakrian
8. khun chop arai
9. chan chop dontri lae kila
10. yindi thi dai phob khun
11. khor hai mi wan thi di

JOUR N°4 : INFO PERSONNELLE

1. Bonjour l'après-midi
2. D'où venez-vous ?
3. Je viens de Thaïlande
4. Où habitez-vous ?
5. J'habite à Bangkok
6. Que faites-vous ?
7. Je suis étudiant
8. Qu'aimez-vous ?
9. J'aime la musique et le sport
10. Ravi de vous rencontrer
11. Passez une bonne journée

✤ En Thaïlande, demander l'âge d'une personne dès la première rencontre est une pratique courante pour établir le niveau de politesse à utiliser.

วันที่ 5: คำกริยาทั่วไป ฉบับที่ 1

1. สวัสดีครับ คุณ**เข้าใจ**ภาษาไทยไหม
2. ไม่ค่อยครับ แต่**ฉันต้องการ**เรียน
3. **ฉันสามารถ**ช่วยคุณได้
4. ขอบคุณครับ **ฉันอยากมี**เพื่อนคนไทย
5. **ฉันมี**เวลาว่าง เรา**สามารถ**ไปดูหนัง
6. ดีมากครับ **ฉันจะไป**ด้วย
7. **ฉันซื้อ**ตั๋วแล้วนะ
8. ขอบคุณมากครับ **ฉันจะจ่าย**ค่าขนม
9. ยินดีครับ ขอให้มีวันที่ดี

✤ En thaï, il n'y a pas d'article indéfini comme "un" ou "une" devant les noms.

1. sawasdee khrap khun **khao jai** phasa thai mai
2. mai khoy khrap tae **chan tongkan** rien
3. **chan samart** chuay khun dai
4. khob khun khrap **chan yak mee** phuean khon thai
5. **chan mee** welaa wang rao **samart** pai du nang
6. dee mak khrap **chan ja pai** duay
7. **chan sue** tua laew na
8. khob khun mak khrap **chan ja chai** kha khanom
9. yin dee khrap khaw hai mee wan thi dee

JOUR N°5 : VERBES COMMUNS I

1. Bonjour, **comprenez-vous** le thaï ?
2. Pas vraiment, mais **je veux** apprendre.
3. **Je peux** vous aider.
4. Merci, **j'aimerais avoir** un ami thaïlandais.
5. **J'ai** du temps libre, nous **pouvons** aller voir un film.
6. Super, **je viendrai** avec vous.
7. **J'ai acheté** les billets.
8. Merci beaucoup, **je paierai** pour les snacks.
9. Avec plaisir, passez une bonne journée.

✤ En thaï, l'utilisation de verbes spécifiques pour "manger" selon le type d'aliment reflète l'importance culturelle de la nourriture.

วันที่ 6 : เครื่องดื่ม

1. สวัสดีครับ, ฉันต้องการ**เครื่องดื่ม**ครับ.
2. คุณต้องการ**เครื่องดื่ม**อะไรคะ?
3. ฉันต้องการ**น้ำผลไม้**และ**กาแฟ**ครับ.
4. คุณต้องการ**น้ำผลไม้**แบบไหนคะ?
5. ฉันต้องการ**น้ำผลไม้**ส้มครับ.
6. และ**กาแฟ**คุณต้องการร้อนหรือเย็นคะ?
7. ฉันต้องการ**กาแฟ**ร้อนครับ.
8. ได้ค่ะ, รอสักครู่นะคะ.
9. ขอบคุณครับ!

❖ En thaï, pour dire "Je veux du café", on utilise le pronom "**ฉัน**" (chan) pour "je" : "ฉันอยากดื่มกาแฟ" (chan yàak dùuem gaa-fae).

1. Sawasdee khrap, chan tongkan **khrueang duem** khrap.
2. Khun tongkan **khrueang duem** arai kha?
3. Chan tongkan **nam phal mai** lae **ka fae** khrap.
4. Khun tongkan **nam phal mai** baep nai kha?
5. Chan tongkan **nam phal mai** som khrap.
6. Lae **ka fae** khun tongkan ron rue yen kha?
7. Chan tongkan **ka fae** ron khrap.
8. Dai kha, ror sak khrue na kha.
9. Khop khun khrap!

JOUR N°6 : BOISSONS

1. Bonjour, je voudrais **une boisson** s'il vous plaît.
2. Quelle **boisson** désirez-vous ?
3. Je voudrais **un jus de fruit** et **un café** s'il vous plaît.
4. Quel type de **jus de fruit** souhaitez-vous ?
5. Je voudrais **un jus d'orange** s'il vous plaît.
6. Et pour le **café**, vous le voulez chaud ou froid ?
7. Je voudrais **un café** chaud s'il vous plaît.
8. Très bien, un instant s'il vous plaît.
9. Merci beaucoup !

✤ En Thaïlande, le "Nam Manglak", une boisson rafraîchissante faite avec des graines de basilic, symbolise l'hospitalité et la bienvenue.

Rappel Important Avant de Commencer la Leçon 7

✶ ✶ ✶

Félicitations pour votre progression jusqu'ici ! Vous vous apprêtez à entamer une étape essentielle de votre apprentissage : la Phase N°2.

Veuillez suivre ces instructions à partir de la leçon 7 :

1. Pour chaque leçon à partir de la N°7, traduisez d'abord le texte de cette leçon (N°7, N°8, etc.) de la langue cible vers le français.
2. Ensuite, revenez 6 leçons en arrière et traduisez la version française du texte de cette leçon du français vers la langue cible, sans vous référer au texte original.
3. Comparez votre traduction avec le texte original de cette leçon et ajustez si nécessaire.
4. Lisez à haute voix le texte original de cette leçon, en écoutant l'audio.

Cette nouvelle phase est conçue pour activer le vocabulaire que vous avez déjà assimilé. Continuez sur cette lancée et savourez cette nouvelle phase enrichissante de votre apprentissage !

วันที่ 7: คำคุณศัพท์บรรยาย I

1. สวัสดีครับ, คุณชอบดื่มอะไร?
2. ฉันชอบดื่มน้ำเย็น ๆ ครับ, และคุณล่ะ?
3. ฉันชอบกาแฟร้อน ๆ ค่ะ. คุณมาจากไหนคะ?
4. ฉันมาจากเมืองใหญ่ครับ, และคุณล่ะ?
5. ฉันอยู่ที่เมืองเล็ก ๆ ค่ะ. คุณทำอะไรคะ?
6. ฉันเป็นครูครับ. คุณชอบอะไร?
7. ฉันชอบดนตรีและกีฬาค่ะ. ยินดีที่ได้พบคุณ.
8. ยินดีที่ได้พบคุณเช่นกันครับ, ขอให้มีวันที่ดีนะคะ.

✤ En thaï, l'adverbe se place généralement avant l'adjectif qu'il modifie.

1. sawasdee khrap, khun chop duem arai?
2. chan chop duem nam yen yen khrap, lae khun la?
3. chan chop gafae ron ron kha. khun ma jak nai kha?
4. chan ma jak muang yai khrap, lae khun la?
5. chan yu thi muang lek lek kha. khun tam arai kha?
6. chan pen khru khrap. khun chop arai?
7. chan chop dontri lae kilaa kha. yindi thi dai phob khun.
8. yindi thi dai phob khun chen kan khrap, khor hai mi wan thi di na kha.

JOUR N°7 : ADJECTIFS DESCRIPTIFS I

1. Bonjour, que préférez-vous boire ?
2. Je préfère boire de l'eau froide, et vous ?
3. Je préfère le café chaud. D'où venez-vous ?
4. Je viens d'une grande ville, et vous ?
5. Je vis dans une petite ville. Que faites-vous ?
6. Je suis enseignant. Qu'aimez-vous ?
7. J'aime la musique et le sport. Ravi de vous rencontrer.
8. Ravi de vous rencontrer aussi, passez une bonne journée.

✤ En littérature thaïe, l'usage d'adjectifs poétiques et imagés est fréquent pour capturer l'essence éphémère de la beauté naturelle.

วันที่ 8: สถานที่และทิศทาง ตอนที่ 1

1. ที่นี่ร้อนไหม?
2. ไม่, ที่นี่เย็น.
3. ที่นั่นใกล้ไหม?
4. ไม่, ที่นั่นไกล.
5. ฉันต้องการไปที่นั่น.
6. ไปซ้ายหรือขวา?
7. **ตรงไปแล้วไปซ้าย.**
8. **ทางนี้หรือทางนั้น?**
9. **ทางนี้**ใกล้กว่า.

✤ En thaï, la préposition "ใน" (nai) signifie "dans" pour indiquer un emplacement.

1. thîi níi ráwn măi?
2. mâi, thîi níi yen.
3. thîi nân glâi măi?
4. mâi, thîi nân glai.
5. chăn dtông gaan bpai thîi nân.
6. bpai sáai rĕu khwăa?
7. trong bpai láew bpai sáai.
8. thaang níi rĕu thaang nân?
9. thaang níi glâi gwàa.

JOUR N°8 : EMPLACEMENT ET DIRECTIONS I ✿

1. **Ici**, il fait chaud ?
2. Non, **ici**, il fait froid.
3. **Là-bas**, c'est près ?
4. Non, **là-bas**, c'est loin.
5. Je veux aller **là-bas**.
6. Je vais à **gauche** ou à **droite** ?
7. **Tout droit** puis à **gauche**.
8. **Par ici** ou **par là** ?
9. **Par ici**, c'est plus près.

✤ Ayutthaya, ancienne capitale du Royaume de Siam, est célèbre pour ses ruines somptueuses et son histoire riche, témoignant de l'âge d'or de la Thaïlande.

วันที่ ๙: สถานที่และทิศทาง ๒

1. **หยุดที่นี่** คุณอยากดื่มอะไร?
2. ฉันอยากดื่มน้ำ และคุณล่ะ?
3. ฉันอยากได้กาแฟ **ข้างๆ** น้ำโซดา.
4. ร้านอยู่บนหรือ**ใต้**?
5. ร้านอยู่เหนือสวนสาธารณะ.
6. เราควรเลี้ยวซ้ายหรือเลี้ยวขวาที่สี่แยก?
7. **เลี้ยวขวาแล้วไปตรงไป**.
8. ร้านอยู่ทาง**ซ้าย**หรือทางขวา?
9. อยู่**ข้างหลัง**ธนาคาร.

✤ En thaï, la conjonction "**และ**" (láe) signifie "et" pour lier des mots ou des phrases, et "**หรือ**" (rŭe) signifie "ou" pour indiquer des options.

1. Yut thi ni khun yak deum arai?
2. Chan yak deum nam lae khun la?
3. Chan yak dai ga-fae khang-khang nam soda.
4. Ran yu bon rue tai?
5. Ran yu neu suan satharan.
6. Rao khuan liao sai rue liao khwa thi si yak?
7. Liao khwa laeo pai trong pai.
8. Ran yu thang sai rue thang khwa?
9. Yu khang lang thanakan.

JOUR N°9 : EMPLACEMENT ET DIRECTIONS II

1. **Arrêtez ici.** Que voulez-vous boire ?
2. Je voudrais de l'eau. Et vous ?
3. Je prendrais un café **à côté** d'un soda.
4. Le magasin est-il **au-dessus** ou **en dessous** ?
5. Le magasin est **au-dessus** du parc public.
6. Devrions-nous **tourner à gauche** ou **tourner à droite** à l'intersection ?
7. **Tournez à droite** puis allez **tout droit**.
8. Le magasin est-il **sur la gauche** ou **sur la droite** ?
9. Il est **derrière** la banque.

✣ Le Wat Arun à Bangkok est surnommé le Temple de l'Aube car il offre une vue spectaculaire du lever du soleil sur la rivière Chao Phraya.

วันที่ 10: คำถาม

1. **ไหน** หนังสือของฉัน?
2. อยู่**ข้างๆ** คอมพิวเตอร์.
3. **ทำไม** มันอยู่ที่นั่น?
4. เพราะว่าฉันใช้มัน**เมื่อ** ทำงานเสร็จ.
5. **อะไร** เป็นหนังสือที่คุณอ่าน?
6. หนังสือเกี่ยวกับการเรียนภาษา.
7. **ราคาเท่าไหร่?**
8. ไม่แพงมาก, แค่สองร้อยบาท.
9. **เย็น** นี้คุณว่างไหม, อยากไปซื้อหนังสือด้วยกันไหม?

✤ En thaï, on utilise souvent "ไหม" (mai) à la fin d'une phrase pour transformer une affirmation en question.

1. **Nai** nangseu khong chan?
2. Yu **khangkhang** khomphiuter.
3. **Thamai** man yu thi nan?
4. Phro waa chan chai man **meua** thamngan set.
5. **Arai** pen nangseu thi khun an?
6. Nangseu kieokap kanrian phasa.
7. **Rakha thao rai?**
8. Mai paeng mak, khae song roi baht.
9. **Yen** ni khun wang mai, yak pai sue nangseu duaykan mai?

JOUR N°10 : QUESTIONS

1. **Où** est mon livre ?
2. Il est **à côté** de l'ordinateur.
3. **Pourquoi** est-il là ?
4. Parce que je l'ai utilisé **après** avoir fini mon travail.
5. **Quel** livre lisez-vous ?
6. Un livre sur l'apprentissage des langues.
7. **Combien** coûte-t-il ?
8. Pas très cher, juste deux cents bahts.
9. **Ce soir**, êtes-vous libre, voulez-vous aller acheter des livres ensemble ?

✣ En Thaïlande, poser directement des questions personnelles est souvent considéré comme impoli, préférant une approche indirecte pour exprimer la curiosité.

DÉFI N°1

CHOISISSEZ UN THÈME ET CRÉEZ UN COLLAGE DE PHOTOS OU D'IMAGES, EN NOTANT LE MOT CORRESPONDANT EN THAÏ.

อย่างมีความพยายามไม่มีอะไรที่เป็นไปไม่ได้

Avec des efforts, rien n'est impossible.

วันที่ 11: วันและเวลา

1. **วันนี้** เป็นวันอะไร?
2. **วันนี้** วันจันทร์ครับ.
3. **เวลา** ตอนนี้ กี่โมงแล้ว?
4. **ตอนนี้** เกือบสามโมงครึ่งครับ.
5. **พรุ่งนี้** คุณมีแผนอะไรไหม?
6. **พรุ่งนี้** ผมต้องไปทำงานครับ.
7. **เมื่อวาน** คุณทำอะไร?
8. **เมื่อวาน** ผมอยู่บ้านครับ.
9. แล้ว **มะรืนนี้** ล่ะ?
10. **มะรืนนี้** ผมว่างครับ.

✤ En thaï, pour dire l'heure, on place le mot "โมง" après le chiffre des heures.

1. **wan-níi** bpen wan à-rai?
2. **wan-níi** wan jan khráp.
3. **welaa** ton-níi kìi mong láew?
4. **ton-níi** kùeap săam mong khrêung khráp.
5. **phrûng-níi** khun mii phæn à-rai mái?
6. **phrûng-níi** phŏm tông bpai tham ngaan khráp.
7. **mêua wan** khun tham à-rai?
8. **mêua wan** phŏm yùu bâan khráp.
9. láew **má-rĕun-níi** là?
10. **má-rĕun-níi** phŏm wâang khráp.

JOUR N°11 : JOURS ET HEURE

1. **Aujourd'hui** c'est quel jour ?
2. **Aujourd'hui** c'est lundi.
3. **L'heure** actuelle, il est quelle heure ?
4. **Actuellement** il est presque trois heures et demie.
5. **Demain** vous avez des plans ?
6. **Demain** je dois aller travailler.
7. **Hier** vous avez fait quoi ?
8. **Hier** j'étais à la maison.
9. Et **après-demain** ?
10. **Après-demain** je suis libre.

✤ En Thaïlande, le concept de "mai pen rai" traduit une approche détendue du temps, soulignant l'importance de l'acceptation et de la flexibilité dans la vie quotidienne.

วันที่ 12: วันในสัปดาห์

1. วันนี้วันอะไร?
2. วันนี้วันพุธครับ.
3. พรุ่งนี้ วันพฤหัสบดี ใช่ไหม?
4. ใช่ครับ, พรุ่งนี้วันพฤหัสบดี.
5. เมื่อวาน วันอังคาร ใช่ไหม?
6. ใช่ค่ะ, เมื่อวานวันอังคาร.
7. สุดสัปดาห์ วันเสาร์ และ วันอาทิตย์ ใช่ไหม?
8. ใช่ครับ, สุดสัปดาห์ คือ วันเสาร์ และ วันอาทิตย์.
9. ตกลงค่ะ, ขอบคุณครับ.

✤ En thaï, le jour de la semaine est souvent utilisé comme sujet de la phrase.

1. **wan-nii wan a-rai?**
2. **wan-nii wan phut khrap.**
3. **phrung-nii wan phrue-hat-sa-bodi** chai mai?
4. chai khrap, **phrung-nii wan phrue-hat-sa-bodi.**
5. **muea-wan wan ang-khaan** chai mai?
6. chai kha, **muea-wan wan ang-khaan.**
7. **sut sap-da wan sao lae wan aa-thit** chai mai?
8. chai khrap, **sut sap-da** khue **wan sao lae wan aa-thit.**
9. tok-long kha, khop khun khrap.

JOUR N°12 : JOURS DE LA SEMAINE

1. **Quel jour sommes-nous aujourd'hui ?**
2. **Aujourd'hui, c'est mercredi.**
3. **Demain c'est jeudi**, n'est-ce pas ?
4. Oui, **demain c'est jeudi.**
5. **Hier c'était mardi**, n'est-ce pas ?
6. Oui, **hier c'était mardi.**
7. **Le week-end c'est samedi et dimanche**, n'est-ce pas ?
8. Oui, **le week-end** c'est **samedi et dimanche.**
9. D'accord, merci.

✤ En Thaïlande, les noms des jours de la semaine sont basés sur les couleurs et les corps célestes.

วันที่ 13: ครอบครัว I

1. **ครอบครัว** ของฉันมีใครบ้าง?
2. มี **แม่, พ่อ, พี่ชาย** และ **น้องสาว** ครับ/ค่ะ.
3. **พ่อแม่** สบายดีไหม?
4. สบายดีครับ/ค่ะ, **ขอบคุณ**!
5. **ย่า กับ ตา** ล่ะ?
6. พวกเขาก็สบายดีครับ/ค่ะ.
7. คุณมี **สามี** หรือ **ภรรยา** ไหม?
8. ยังไม่มีครับ/ค่ะ, ฉันยังโสด.
9. ฉันเข้าใจแล้ว, ขอบคุณที่บอกนะ.

✤ En thaï, l'objet direct suit directement le verbe sans préposition.

1. **khrxbkhrw** khxngchạn mī khrai bāng?
2. mī **mæ̀, pʰ̀x, pʰı̀ chāy** læa **n̂xngsāw** khrạb/kʰ̀ā.
3. **pʰ̀xmæ̀** s̄bāydī h̄ịm?
4. s̄bāydī khrạb/kʰ̀ā, **khxbkhuṇ**!
5. **ŷā kạb tā** l̀ạ?
6. phwkheā k̆ʰxb s̄bāydī khrạb/kʰ̀ā.
7. khun mī **s̄āmī** h̄rụ̄x **phrryā** h̄ịm?
8. yạng mị̀ mī khrạb/kʰ̀ā, chạn yạng s̄od.
9. chạn kheācı læw, khxbkhuṇ thī b̀xk nạ.

68

JOUR N°13 : FAMILLE I

1. Qui fait partie de ma **famille** ?
2. Il y a ma **mère**, mon **père**, mon **frère aîné** et ma **petite sœur**.
3. Vos **parents** vont-ils bien ?
4. Oui, ils vont bien, **merci** !
5. Et vos **grands-parents** ?
6. Ils vont bien aussi, merci.
7. Avez-vous un **mari** ou une **épouse** ?
8. Non, pas encore, je suis toujours célibataire.
9. Je comprends, merci de m'avoir dit.

✤ En Thaïlande, il est courant que plusieurs générations vivent sous le même toit, renforçant les liens familiaux et le respect des aînés.

วันที่ 14: ครอบครัว II

1. สวัสดีครับ **ลูกพี่ลูกน้อง** คุณชื่ออะไรครับ?
2. สวัสดีค่ะ ฉันชื่อนกค่ะ และคุณล่ะ?
3. ฉันชื่อบอยครับ คุณเป็น **หลานสาว** ของใครครับ?
4. ฉันเป็น **หลานสาว** ของ **ป้า** ค่ะ
5. อ้อ ฉันเป็น **หลานชาย** ของ **ลุง** ครับ
6. น่าสนใจจังค่ะ คุณทำอะไรอยู่ตอนนี้คะ?
7. ตอนนี้ฉันเป็น **เพื่อนร่วมงาน** กับ **หุ้นส่วน** ครอบครัวครับ
8. ว้าว ดูเหมือนเราจะมีอะไรคล้ายกันนะคะ ยินดีที่ได้พบคุณนะคะ
9. ยินดีที่ได้พบคุณเช่นกันครับ ขอให้มีวันที่ดีนะคะ

✤ En thaï, pour indiquer l'objet indirect, on utilise souvent la particule "ให้" (hai) avant le verbe.

1. sawasdee khrap **luk phi luk nong** khun chue arai khrap?
2. sawasdee kha chan chue nok kha lae khun la?
3. chan chue boy khrap khun pen **lansao** khong khrai khrap?
4. chan pen **lansao** khong **pa** kha
5. oh chan pen **lanchai** khong **lung** khrap
6. na san jang kha khun tham arai yu ton ni kha?
7. ton ni chan pen **phuean ruam ngan** gap **hunsa** khrabkhrab khrap
8. wao du meuan rao ja mi arai klai kan na kha yindi thi dai phob khun na kha
9. yindi thi dai phob khun chen kan khrap kho hai mi wan thi di na kha

JOUR N°14 : FAMILLE II

1. Bonjour **cousin**, comment vous appelez-vous ?
2. Bonjour, je m'appelle Nok. Et vous ?
3. Je m'appelle Boy. Vous êtes la **nièce** de qui ?
4. Je suis la **nièce** de ma **tante**.
5. Ah, je suis le **neveu** de mon **oncle**.
6. C'est intéressant, que faites-vous en ce moment ?
7. Actuellement, je travaille comme **collègue** avec un **partenaire** d'affaires de la famille.
8. Wow, il semble que nous ayons des choses en commun. Ravi de vous rencontrer.
9. Ravi de vous rencontrer aussi. Passez une bonne journée.

✣ En Thaïlande, le festival de Songkran, marquant le Nouvel An bouddhiste, se transforme en une gigantesque bataille d'eau nationale, symbolisant la purification et le lavage des malheurs.

วันที่ 15: ตัวเลข 1 ถึง 10

1. สวัสดีครับ วันนี้วันอะไรครับ?
2. วันนี้วันจันทร์ค่ะ
3. คุณมีแผนอะไรบ้างครับ?
4. ฉันจะไปเจอเพื่อนร่วมงานค่ะ
5. เข้าใจแล้วครับ คุณจะไปกี่โมงครับ?
6. ฉันจะไปสองโมงค่ะ
7. ดีมากครับ ฉันมีหุ้นส่วนสามคน
8. ว้าว นั่นเยอะมากเลยครับ
9. ใช่ค่ะ แต่เราทำงานดีมากค่ะ

✤ En thaï, pour indiquer une quantité au temps présent, placez le nombre avant le nom, sans utiliser de mot pour "de".

1. Sawasdee krap Wan nee wan arai krap?
2. Wan nee wan jan kha
3. Khun mee phlan arai bang krap?
4. Chan ja pai jer pheuan ruam ngan kha
5. Khao jai laew krap Khun ja pai gee mong krap?
6. Chan ja pai song mong kha
7. Dee mak krap Chan mee hoon sua sam khon
8. Wow Nan yoe mak loey krap
9. Chai kha Dtae rao tam ngan dee mak kha

JOUR N°15 : NOMBRES DE 1 À 10

1. Bonjour, quel jour sommes-nous aujourd'hui ?
2. Aujourd'hui, c'est lundi.
3. Avez-vous des plans pour aujourd'hui ?
4. Je vais rencontrer un collègue.
5. Je vois, à quelle heure allez-vous y aller ?
6. Je vais y aller à deux heures.
7. Très bien, j'ai trois associés.
8. Wow, c'est beaucoup !
9. Oui, mais nous travaillons très bien ensemble.

✦ En Thaïlande, le nombre 9 est considéré comme porte-bonheur car il se prononce comme le mot pour "progresser".

วันที่ 16: ตัวเลข 11 ถึง 20

1. วันนี้ครอบครัวเรามีกี่คน?
2. **สิบเอ็ด** คนครับ, รวม **ย่า** กับ **ตา** ด้วย
3. แล้วเราจะดื่มอะไรดี?
4. **พ่อ** ชอบดื่ม **เบียร์**, **แม่** ชอบ **น้ำ**
5. **พี่ชาย** กับ **น้องชาย**?
6. พวกเขาชอบ **โซดา** ครับ
7. แล้ว **พี่สาว** ล่ะ?
8. เธอชอบ **ชา** ค่ะ
9. ดีครับ, เรามีเครื่องดื่มพอสำหรับทุกคนแล้ว

✤ En thaï, pour former les nombres de 11 à 19, on commence par สิบ (sib) suivi du chiffre unité, sauf pour 11 où on ajoute เอ็ด (et) après สิบ.

1. Wan nii khrxbkhrx rao mi kii khon?
2. **Sib et** khon khrap, ruam **ya** gap **ta** duay
3. Laeo rao ja deum arai di?
4. **Pho** chop deum **bia**, **mae chop nam**
5. **Phi chai** gap **nong chai**?
6. Phuak khao chop **so da** khrap
7. Laeo **phi sao** la?
8. Thoe chop **cha** kha
9. Di khrap, rao mi khrueang deum pho samrap thuk khon laeo

JOUR N°16 : NOMBRES DE 11 À 20

1. Combien de personnes y a-t-il dans notre famille aujourd'hui ?
2. **Onze** personnes, monsieur, y compris **grand-mère** et **grand-père**.
3. Et qu'allons-nous boire ?
4. **Papa** aime boire de la **bière, maman aime l'eau**.
5. **Le grand frère** et **le petit frère** ?
6. Ils aiment le **soda**, monsieur.
7. Et **la grande sœur** ?
8. Elle aime le **thé**, madame.
9. Très bien, monsieur, nous avons assez de boissons pour tout le monde.

✤ En Thaïlande, le jeu traditionnel "Mon Son Pha" utilise des comptines numériques pour développer la mémoire et l'agilité des enfants.

วันที่ 17: ช้อปปิ้ง I

1. วันนี้เราจะไป**ตลาด**กันไหม?
2. อยากไป**ร้านค้า**ไหนล่ะ?
3. ฉันอยาก**ซื้อ**เสื้อใหม่.
4. เรามา**ดู**ที่นี่สิ. ราคาไม่**แพง**มาก.
5. แต่มันยังไม่**ถูก**เท่าที่ฉันต้องการ.
6. ดูสิ, ที่นี่มีการ**ลดราคา**.
7. มี**ส่วนลด**เพิ่มเติมถ้าจ่ายด้วย**เงินสด**หรือไม่?
8. ใช่, แต่ถ้าจ่ายด้วย**บัตรเครดิต**จะไม่ได้ส่วนลดเพิ่ม.
9. โอเค, ฉันจะจ่ายด้วยเงินสด.

✤ En thaï, pour former la négative, on place "ไม่" (mai) devant le verbe, par exemple "ไม่ชอบ" (mai chob) signifie "ne pas aimer".

1. Wan-nii rao ja pai **talad** kan mai?
2. Yak pai **ran kha** nai la?
3. Chan yak **sue** seua mai.
4. Rao ma **du** thi ni si. Raka mai **paeng** mak.
5. Dtae man yang mai **thuk** thao thi chan tong kan.
6. Du si, thi ni mi kan **lot raka**.
7. Mi **suan lot** phuem thum tha chai duay **ngoen sot** reu mai?
8. Chai, dtae tha chai duay **bat kredit** ja mai dai suan lot phuem.
9. OK, chan ja chai duay ngoen sot.

JOUR N°17 : SHOPPING I

1. Aujourd'hui, on va au **marché** ensemble ?
2. Tu veux aller dans quel **magasin** ?
3. Je veux **acheter** un nouveau t-shirt.
4. Allons **voir** ici. Ce n'est pas très **cher**.
5. Mais ce n'est toujours pas aussi **bon marché** que je le voudrais.
6. Regarde, il y a des **promotions** ici.
7. Y a-t-il une **réduction** supplémentaire si on paie en **espèces** ?
8. Oui, mais si tu paies par **carte de crédit**, tu n'auras pas de réduction supplémentaire.
9. Ok, je vais payer en espèces.

✤ En Thaïlande, dans les marchés traditionnels, il est courant de négocier les prix, une pratique vue comme un échange social plutôt qu'une simple transaction commerciale.

วันที่ 18: ช้อปปิ้ง ครั้งที่สอง

1. ฉันอยากซื้อเสื้อผ้าและ**เครื่องประดับ**ที่นี่.
2. ดีค่ะ, **รถเข็น**หรือตะกร้าคะ?
3. **ตะกร้าค่ะ**, ขอบคุณ.
4. คุณลองดูที่**ห้องลองเสื้อผ้า**ได้นะคะ.
5. **เสื้อแจ็คเก็ตนี้ราคาเท่าไหร่คะ?**
6. สี่พันบาทค่ะ. และ**แว่นตากันแดด**นี้ล่ะ?
7. สองพันบาทค่ะ.
8. โอเคค่ะ, ฉันจะเอาทั้งสอง. ชำระที่**เคาน์เตอร์**ได้ไหม?
9. ได้ค่ะ, ตามฉันมาค่ะ.

✤ Pour poser une question en thaï, on ajoute souvent "ไหม (mai)" à la fin de la phrase.

1. Chan yaak seu **suea pha** lae **khrueang pradap** thi ni.
2. Di kha, **roth khen** rue **takra** kha?
3. **Takra** kha, khob khun.
4. Khun long du thi **hong long suea pha** dai na kha.
5. **Suea jacket** ni **raka** thao rai kha?
6. Si phan baht kha. Lae **waen ta kan daet** ni la?
7. Song phan baht kha.
8. Ok kha, chan ja ao thang song. Chamra thi **kaunter** dai mai?
9. Dai kha, tam chan ma kha.

JOUR N°18 : SHOPPING II

1. Je souhaite acheter des **vêtements** et des **bijoux** ici.
2. Très bien, un **chariot** ou un **panier** ?
3. Un **panier**, merci.
4. Vous pouvez essayer dans la **cabine d'essayage**.
5. Combien coûte cette **veste** ?
6. Quatre mille bahts. Et ces **lunettes de soleil** ?
7. Deux mille bahts.
8. D'accord, je prends les deux. Puis-je payer à la **caisse** ?
9. Oui, suivez-moi, s'il vous plaît.

✤ En Thaïlande, le centre commercial CentralWorld à Bangkok est l'un des plus grands d'Asie du Sud-Est.

วันที่ 19: การขนส่ง 1

1. ฉันจะไปสนามบิน ฉันควรใช้**แท็กซี่**หรือ**รถบัส**ดี?
2. **แท็กซี่**จะสะดวกกว่า แต่ถ้าอยากประหยัด ใช้**รถบัส**ก็ได้
3. ถ้าฉันอยากไป**สถานีรถไฟ**ล่ะ?
4. จาก**สนามบิน**นั้น ใช้**รถไฟ**สะดวกที่สุด
5. แล้วถ้าจะไปเที่ยวทะเลล่ะ? ฉันควรใช้**เรือ**หรือ**รถยนต์**?
6. ถ้าไปกับเพื่อนหลายคน ใช้**รถยนต์**ดีกว่า แต่ถ้าอยากสัมผัสบรรยากาศทะเลจริงๆ ใช้**เรือ**น่าจะดี
7. ฉันอยากลองขี่**จักรยาน**ในเมืองดูบ้าง
8. นั่นก็เป็นความคิดที่ดี สามารถเช่า**จักรยาน**ได้ที่หลายๆ ที่ในเมือง

❖ En thaï, pour dire "Je prends le bus", on dit "**ฉันนั่งรถเมล์**" (Chan nâng rót me).

1. Chan ja pai **sanambin** Chan khuan chai **thaeksi** rue **roth bas** di?
2. **Thaeksi** ja saduak kwa Tae tha yak prahyat chai **roth bas** khor dai
3. Tha chan yak pai **sathani roth fai** la?
4. Jak **sanambin** nan chai **roth fai** saduak thi sut
5. Laeo tha ja pai thiao thale la? Chan khuan chai **ruea** rue **roth yon**?
6. Tha pai kap phuean lai khon chai **roth yon** di kwa Tae tha yak samphat banyagat thale jing jing chai **ruea** na ja di
7. Chan yak long khi **jakrayan** nai muang du bang
8. Nan khor pen kham khid thi di Samakhan chao **jakrayan** dai thi lai lai thi nai muang

JOUR N°19 : TRANSPORT I

1. Je vais à **l'aéroport**. Devrais-je prendre un **taxi** ou un **bus** ?
2. Le **taxi** serait plus pratique, mais si tu veux économiser, tu peux prendre le **bus**.
3. Et si je veux aller à **la gare** ?
4. Depuis **l'aéroport**, le **train** est le moyen le plus pratique.
5. Et si je veux aller à la plage ? Devrais-je prendre un **bateau** ou une **voiture** ?
6. Si tu vas avec plusieurs amis, il vaut mieux prendre une **voiture**. Mais si tu veux vraiment ressentir l'atmosphère de la mer, prendre un **bateau** serait mieux.
7. Je voudrais essayer de faire du **vélo** en ville.
8. C'est une bonne idée, tu peux louer des **vélos** à plusieurs endroits dans la ville.

✤ En Thaïlande, le tuk-tuk, un tricycle motorisé coloré, est un moyen de transport emblématique offrant une expérience de voyage authentique et pittoresque.

วันที่ 20: การขนส่ง 2

1. **ออกเดินทาง** เมื่อไหร่?
2. ถึง **สนามบิน** เมื่อไหร่?
3. **บัตรโดยสาร** แพง ไหม?
4. ไม่, **บัตรโดยสาร** ถูก.
5. **ตั๋ว** อยู่ที่ **อาคารผู้โดยสาร** ประตู ไหน?
6. ประตู 3.
7. **สัมภาระ** และ **กระเป๋าเดินทาง** อยู่ที่ไหน?
8. อยู่ที่ **ประตู** 4.
9. **กระเป๋าเป้** ล่าช้า ไหม?
10. ไม่, ไม่ **ล่าช้า**.

❖ Pour poser une question sur le transport en thaï, on ajoute "ไหม" (mai) à la fin de la phrase.

1. **ok doen thaang** meu rai?
2. theung **sanaam bin** meu rai?
3. **bat doy saan** paeng mai?
4. mai, **bat doy saan** thuuk.
5. **tua** yuu thi **akhaan phu doy saan** pratu nai?
6. pratu 3.
7. **samphara** lae **krapao doen thaang** yuu thi nai?
8. yuu thi **pratu** 4.
9. **krapao bae** laa chaa mai?
10. mai, mai **laa chaa**.

JOUR N°20 : TRANSPORT II

1. **Départ** quand ?
2. Arrivée à l'**aéroport** quand ?
3. Le **billet** est-il cher ?
4. Non, le **billet** est bon marché.
5. Le **billet** est à quel **guichet** du **terminal** ?
6. Guichet 3.
7. Où sont les **bagages** et les **valises** ?
8. Au **guichet** 4.
9. Le **sac à dos** est-il en retard ?
10. Non, pas de **retard**.

✤ En Thaïlande, le Tuk-tuk, un tricycle motorisé, est devenu un emblème national et un moyen de transport public incontournable pour les courts trajets urbains.

DÉFI N°2

ÉCRIVEZ UN PETIT TEXTE EN THAÏ VOUS PRÉSENTANT ET EXPLIQUANT POURQUOI VOUS APPRENEZ CETTE LANGUE.

การเรียนรู้ไม่มีวันสิ้นสุด
L'apprentissage n'a pas de fin.

วันที่ 21: สถานที่และที่ตั้ง I

1. วันนี้เราจะไป**โรงเรียน**กันไหม?
2. ไม่, วันนี้ฉันต้องไป**ธนาคาร**และ**ร้านขายยา**ก่อน.
3. แล้วพรุ่งนี้ล่ะ? เราไป**สวนสาธารณะ**ได้ไหม?
4. ได้สิ, พรุ่งนี้เราไป**สวนสาธารณะ**กัน.
5. ตอนนี้ฉันอยู่ที่**บ้าน**. คุณอยู่ที่ไหน?
6. ฉันอยู่ที่**สำนักงาน**. แต่เดี๋ยวฉันจะไป**ร้านอาหาร**ก่อนกลับ.
7. ดีจัง, ฉันก็หิวแล้ว. เจอกันที่**ร้านอาหาร**นะ.
8. โอเค, เจอกัน!

✤ Pour donner un ordre ou une direction en thaï, placez le verbe d'action au début de la phrase.

1. wan-nii rao ja pai **rong-rian** kan mai?
2. mai, wan-nii chan tong pai **thana-khan** lae **ran khai ya** gon.
3. laew phrung-nii la? rao pai **suan satharan** dai mai?
4. dai si, phrung-nii rao pai **suan satharan** kan.
5. ton-nii chan yu thi **ban**. khun yu thi nai?
6. chan yu thi **sam-nak-ngan**. tae diao chan ja pai **ran a-han** gon glap.
7. di jang, chan ko hiu laew. jer kan thi **ran a-han** na.
8. o-khe, jer kan!

JOUR N°21 : EMPLACEMENT ET LIEUX I

1. Aujourd'hui, on va à **l'école** ensemble ou pas ?
2. Non, aujourd'hui je dois aller à la **banque** et à la **pharmacie** d'abord.
3. Et demain alors ? On peut aller au **parc** ?
4. Oui, demain on va au **parc** ensemble.
5. En ce moment, je suis à la **maison**. Tu es où ?
6. Je suis au **bureau**. Mais je vais passer par le **restaurant** avant de rentrer.
7. Super, j'ai aussi faim. On se voit au **restaurant** alors.
8. Ok, à tout à l'heure !

✤ La Thaïlande abrite Ayutthaya, une ancienne capitale royale inscrite au patrimoine mondial de l'UNESCO, connue pour ses impressionnants vestiges de temples et de palais datant du XIVe au XVIIIe siècle.

วันที่ 22: คุณศัพท์ 2

1. วันนี้วันอะไรคะ?
2. วันจันทร์ครับ
3. โรงเรียนของเรา**ใหญ่**หรือ**เล็ก**คะ?
4. **ใหญ่**ครับ
5. รถบัสมา**เร็ว**หรือ**ช้า**คะ?
6. มา**ช้า**ครับ
7. สนามบิน**กว้าง**หรือ**ยาว**ครับ?
8. **กว้าง**ครับ
9. ขอบคุณครับ
10. ยินดีครับ

✤ En thaï, pour former une phrase exclamative avec un adjectif, on ajoute "มาก" (beaucoup) après l'adjectif.

1. wan-nii wan a-rai kha?
2. wan jan khrap
3. rong-rian khong rao **yai** rue **lek** kha?
4. **yai** khrap
5. rot bas ma **reo** rue **cha** kha?
6. ma **cha** khrap
7. sanam bin **kwang** rue **yao** khrap?
8. **kwang** khrap
9. khob khun khrap
10. yin di khrap

JOUR N°22 : ADJECTIFS II

1. C'est quel jour aujourd'hui ?
2. C'est lundi.
3. Notre école est-elle **grande** ou **petite** ?
4. Elle est **grande**.
5. Le bus arrive-t-il **vite** ou **lentement** ?
6. Il arrive **lentement**.
7. L'aéroport est-il **large** ou **long** ?
8. Il est **large**.
9. Merci.
10. Je vous en prie.

✤ La Thaïlande abrite la fleur Rafflesia, connue comme la plus grande fleur du monde, qui peut mesurer jusqu'à 1 mètre de diamètre.

วันที่ 23: คุณศัพท์ ชุดที่ 3

1. วันนี้อากาศ**เย็น**มาก
2. ใช่, แต่ฉันชอบเพราะมันทำให้รู้สึก**สงบ**
3. คุณเตรียม**เสื้อแข็ง**ไปด้วยไหม?
4. ใช่, และฉันยังเอา**ผ้าห่มนุ่ม**ด้วย
5. ดีมาก, อย่าลืม**บัตรโดยสาร**นะ
6. แน่นอน, ฉันเตรียม**เต็ม**แล้ว
7. เราจะ**ออกเดินทาง**เมื่อไหร่?
8. **ถึง**อาคารผู้โดยสารตอนเช้า
9. โอเค, ฉันหวังว่าจะไม่**หนัก**เกินไปในการพกพา

✤ En thaï, pour former une phrase négative avec un adjectif, placez "ไม่" (mai) devant l'adjectif.

1. wan-nii aa-gàat **yen** mâak
2. châi, dtàe chăn chôrp prôr man tham-hâi rúu-sùk **sà-ngòp**
3. khun dtriiam **sûea-khăeng** bpai dûai măi?
4. châi, láe chăn yang ao **phâa-hòm nûm** dûai
5. dii mâak, yàa lûem **bàt doy săan** ná
6. nâe-nawn, chăn dtriiam **tem** láew
7. rao jà **òk doen thāang** mûea rài?
8. **thŭeng** aa-kăan phûu-doi săan dton cháo
9. o-kê, chăn wâng wâa jà mâi **nàk** gern bpai nai kăn phák-pháa

JOUR N°23 : ADJECTIFS III

1. Aujourd'hui, il fait **froid**.
2. Oui, mais j'aime ça parce que ça me fait sentir **paisible**.
3. Tu as pris un **manteau** avec toi ?
4. Oui, et j'ai aussi pris une **couverture douce**.
5. Très bien, n'oublie pas ton **billet**.
6. Bien sûr, je suis **prêt**.
7. On part quand ?
8. On arrive au terminal des passagers le matin.
9. Ok, j'espère que ça ne sera pas trop **lourd** à porter.

✤ En thaï, les poètes utilisent souvent des adjectifs inversés pour créer une beauté unique dans leurs vers.

วันที่ 24 : สี

1. สวัสดีครับ วันนี้ฉันอยากซื้อเสื้อสีอะไรดีนะ?
2. ฉันว่าสี**เขียว**ดูสงบดีนะ หรือว่าจะเป็นสี**น้ำเงิน**?
3. อืม, แต่ฉันชอบสี**แดง**นะ เพราะมันดูแข็งแรง.
4. แต่สี**เหลือง**ก็ดูสดใสดีนะ มันทำให้รู้สึกเย็นๆ.
5. จริงๆ ฉันก็ชอบสี**ดำ** เพราะมันดูนุ่มนวล.
6. หรือว่าเราจะลองดูสี**ขาว**? มันดูสะอาดและเรียบง่าย.
7. ฉันคิดว่าสี**น้ำตาล**ก็ไม่เลวนะ มันดูอบอุ่น.
8. หรือสี**ชมพู**ก็ดูน่ารักดี แต่สี**เทา**ก็ดูเท่ห์.
9. สุดท้ายนี้ สี**ส้ม**ก็ดูสดใสและมีชีวิตชีวานะ.

✤ En thaï, les noms des couleurs s'écrivent toujours avec une consonne finale.

1. sawasdee khrap wan nee chan yaak sue se si arai dee na?
2. chan wa si **khiao** duu song som dee na ruea wa ja pen si **nam ngern**?
3. eum, tae chan chop si **daeng** na pror man duu khaeng raeng.
4. tae si **leuang** gor duu sot sai dee na man tham hai ruu seuk yen yen.
5. jing jing chan gor chop si **dam** pror man duu noom nuan.
6. ruea wa rao ja long duu si **khao**? man duu sa at lae riap ngai.
7. chan khit wa si **nam tan** gor mai leo na man duu ob oon.
8. ruea si **chomphu** gor duu na rak dee tae si **thao** gor duu te h.
9. sut thai nee si **som** gor duu sot sai lae mee cheewit cheewa na.

JOUR N°24 : COULEURS

1. Bonjour, quelle couleur de chemise devrais-je acheter aujourd'hui ?
2. Je pense que le **vert** est assez apaisant, ou peut-être le **bleu** ?
3. Hmm, mais j'aime le **rouge**, il semble puissant.
4. Mais le **jaune** semble aussi vif, ça donne une sensation de fraîcheur.
5. En fait, j'aime aussi le **noir**, car il semble doux.
6. Ou devrions-nous considérer le **blanc** ? Il semble propre et simple.
7. Je pense que le **marron** n'est pas mal non plus, il semble chaleureux.
8. Ou le **rose** semble mignon, mais le **gris** a aussi l'air cool.
9. Enfin, le **orange** semble également vif et énergique.

✤ En Thaïlande, le jaune est associé au roi car c'est la couleur de lundi, jour de naissance du roi actuel.

วันที่ 25: อิเล็กทรอนิกส์และเทคโนโลยี I

1. สวัสดี
2. สวัสดีตอนบ่าย คุณใช้ **อินเทอร์เน็ต** บน **สมาร์ทโฟน** หรือ **คอมพิวเตอร์**?
3. ฉันใช้บน **แล็ปท็อป** และเชื่อมต่อ **ไวไฟ** เพื่อเข้า **โซเชียล เน็ตเวิร์ก**.
4. คุณมี **แอปพลิเคชัน** โปรดไหม?
5. มีครับ, ฉันชอบใช้ **เบราว์เซอร์** เพื่อดูข้อมูลและ **ดาวน์**โหลดข้อมูล.
6. ฉันก็ชอบส่ง **อีเมล** ผ่านสมาร์ทโฟน.
7. ดีมากเลย
8. ใช่ครับ, สะดวกมากๆ
9. ลาก่อน

✤ En thaï, il n'y a pas de point à la fin des phrases, mais on utilise un symbole spécial appelé "khan" (ๆ) pour indiquer une pause courte.

1. sawasdee
2. sawasdee ton bai khun chai **internet** bon **smartphone** rue **computer**?
3. chan chai bon **laptop** lae chueam to **wifi** pheua khao **social network**.
4. khun mee **application** prohd mai?
5. mee khrap, chan chop chai **browser** pheua du khomun lae **download** khomun.
6. chan gor chop song **email** phaen smartphone.
7. dee mak loei
8. chai khrap, saduak mak mak
9. la gon

JOUR N°25 : ÉLECTRONIQUE ET TECHNOLOGIE I

1. Bonjour
2. Bonjour l'après-midi, utilisez-vous **internet** sur un **smartphone** ou un **ordinateur** ?
3. J'utilise un **ordinateur portable** et je me connecte au **Wi-Fi** pour accéder aux **réseaux sociaux**.
4. Avez-vous une **application** favorite ?
5. Oui, j'aime utiliser un **navigateur** pour rechercher des informations et **télécharger** des données.
6. J'aime aussi envoyer des **emails** via mon smartphone.
7. C'est très bien.
8. Oui, c'est très pratique.
9. Au revoir.

✤ La Thaïlande a inventé le "Red Bull", la boisson énergisante mondialement connue, initialement créée pour augmenter l'endurance des chauffeurs de camion.

วันที่ 26: เดือนและฤดูกาล

1. ตอนนี้เดือนอะไรคะ?
2. **กุมภาพันธ์** ครับ.
3. อากาศเป็นยังไงบ้างคะ?
4. อากาศ**เย็น**ครับ.
5. คุณชอบกุมภาพันธ์ไหมคะ?
6. ใช่ครับ, ผมชอบมากเพราะอากาศ**เย็น**.
7. คุณคิดว่า**มีนาคม**จะ**ร้อน**ไหมคะ?
8. **อาจจะ**ครับ, แต่ผมก็ชอบ.
9. ตกลงค่ะ, ขอบคุณครับ.

❖ En thaï, pour indiquer le passé, on ajoute souvent "**แล้ว**" (laew) après le verbe.

1. ton ni duan arai kha?
2. **kumphaphan** khrap.
3. akat pen yang ngai ba kha?
4. akat **yen** khrap.
5. khun chop **kumphaphan** mai kha?
6. chai khrap, phom chop mak phro akat **yen**.
7. khun khit wa **minakhom** ja **ron** mai kha?
8. **at ja** khrap, tae phom ko chop.
9. tok long kha, khop khun khrap.

JOUR N°26 : MOIS ET SAISONS

1. C'est quel mois maintenant ?
2. **Février** monsieur.
3. Comment est le temps ?
4. Il fait **froid** monsieur.
5. Vous aimez **février** ?
6. Oui monsieur, j'aime beaucoup parce qu'il fait **froid**.
7. Vous pensez que **mars** sera **chaud** ?
8. **Peut-être** monsieur, mais j'aime quand même.
9. D'accord, merci monsieur.

✢ En Thaïlande, le festival de Songkran célèbre le Nouvel An bouddhiste par des batailles d'eau géantes dans tout le pays.

วันที่ 27: ไม่มีเดือนและฤดูกาลอีกต่อไป

1. วันนี้อากาศเป็นอย่างไรบ้าง?
2. **หนาว**มาก! แต่ไม่มี**ฤดู**ใบไม้ร่วงหรือ**ฤดู**ใบไม้ผลิอีกต่อไปแล้ว.
3. **พยากรณ์**บอกว่าจะมีฝนหรือ**แดด**ในพฤศจิกายนนี้ไหม?
4. ไม่แน่นอนเลย ตอนนี้ทุกอย่างเปลี่ยนไปหมดแล้ว.
5. ฉันคิดถึง**ฤดูร้อน**และ**ฤดู**ใบไม้ผลิจัง.
6. ใช่, ฉันก็เหมือนกัน. ชอบเวลาที่อากาศอบอุ่น.
7. ตอนนี้เราต้องปรับตัวให้เข้ากับการไม่มี**ธันวาคม**และ**พฤศจิกายน**แล้ว.
8. ใช่, ขอบคุณ! เราต้องเรียนรู้ที่จะอยู่กับมัน.

✤ En thaï, pour former le futur, on utilise le mot "จะ" (ja) devant le verbe.

1. wan-nii **aakat** pen yang-rai bang?
2. **nao** mak! dtae mai mee **ritu bai mai long** rue **ritu bai mai pli** eck dto pai laew.
3. **phayakon** bok wa ja mee **fon** rue **daet** nai **phrutsachikayon** nii mai?
4. mai nae non loei, ton-nii thuk yang plian pai mot laew.
5. chan kit thung **ritu ron** lae **ritu bai mai pli** jang.
6. chai, chan gor meuan gan. chop welaa thi **aakat** op-un.
7. ton-nii rao tong prap tua hai khao kap kan mai mee **thanwakom** lae **phrutsachikayon** laew.
8. chai, khob khun! rao tong rian ru thi ja yu kap man.

JOUR N°27 : PLUS DE MOIS ET DE SAISONS

1. Aujourd'hui, **l'atmosphère** est comment ?
2. **Froid** beaucoup ! Mais il n'y a plus de **saison d'automne** ou de **printemps**.
3. **La prévision dit-elle qu'il y aura de la pluie ou du soleil en novembre** ?
4. Pas sûr du tout, maintenant tout a complètement changé.
5. Je me languis de **l'été** et du **printemps** tellement.
6. Oui, moi aussi. J'aime quand **l'atmosphère** est chaude.
7. Maintenant, nous devons nous adapter à l'absence de **décembre** et de **novembre**.
8. Oui, merci ! Nous devons apprendre à vivre avec.

✢ En Thaïlande, le festival de Loy Krathong célèbre la fin de la saison des pluies en lançant des petites embarcations décorées sur l'eau pour remercier la déesse de l'eau.

วันที่ 28: ความรู้สึก I

1. สวัสดีครับ คุณรู้สึกอย่างไรบ้างวันนี้?
2. ผมรู้สึก**สุข**ใจมากครับ เพราะวันนี้ผมได้**ผ่อนคลาย**หลังจากทำงานเสร็จ
3. นั่นดีจังเลยค่ะ แต่ฉันกลับรู้สึก**เศร้า**และ**กังวล**เล็กน้อย
4. เหรอครับ? เกิดอะไรขึ้นหรือครับ?
5. ฉันรู้สึก**เหงา**เพราะอยู่คนเดียว แต่พอได้คุยกับคุณ ฉันก็เริ่มรู้สึก**ร่าเริง**ขึ้น
6. นั่นสิ การได้คุยกันทำให้เรา**ภูมิใจ**และ**ตื่นเต้น**ที่ได้แบ่งปันความรู้สึก
7. ใช่ครับ และตอนนี้ผมไม่รู้สึก**โกรธ**หรือ**กระวนกระวาย**เลย
8. ดีใจด้วยค่ะ ขอให้เราทั้งคู่มีวันที่ดีและ**ผ่อนคลาย**ต่อไป
9. ขอบคุณครับ ยินดีที่ได้พบคุณ

✤ En thaï, pour exprimer un sentiment au mode indicatif, on utilise souvent le verbe "รู้สึก" (se sentir) suivi de l'adjectif qui décrit le sentiment.

1. sawasdee khrap khun rû sùk yàang rai bâng wan níi?
2. phǒm rû sùk **sùk jai** mâak khrap prôr wan níi phǒm dâi **phòn klai** lăng jàak tham ngaan sèt
3. nân dee jang loei kâ tæ chăn klàp rû sùk **sâo** læa **kang won** lék nói
4. hěr khrap? gèrd àrai khûn rěu khrap?
5. chăn rû sùk **ngěo** prôr yùu khon diao tæ phǒ dâi khui gap khun chăn gôr rerm rû sùk **râ rěng** khûn
6. nân sĭ kān dâi khui kan tham hai rao **phūm jai** læa **teûn tên** thî dâi bæng pan khwâm rû sùk
7. châi khrap læa ton níi phǒm mâi rû sùk **krôth** rěu **kra wan kra wai** loei
8. dee jai dûai kâ khǒ hai rao thang khû mâi wan thî dee læa **phòn klai** tôr pai
9. khǒp khun khrap yin dee thî dâi phóp khun

JOUR N°28 : SENTIMENTS I

1. Bonjour, comment vous sentez-vous aujourd'hui ?
2. Je me sens **heureux** car aujourd'hui, j'ai pu me **détendre** après le travail.
3. C'est vraiment bien ça ! Mais moi, je me sens **triste** et un peu **inquiète**.
4. Ah bon ? Qu'est-ce qui se passe ?
5. Je me sens **seule** car je suis toute seule, mais en parlant avec vous, je commence à me sentir **joyeuse**.
6. C'est vrai, parler nous permet de nous sentir **fiers** et **excités** de partager nos sentiments.
7. Oui, et maintenant, je ne me sens ni **en colère** ni **agité**.
8. Je suis contente pour vous. Souhaitons-nous à tous les deux une bonne journée et de continuer à nous **détendre**.
9. Merci. Heureux de vous avoir rencontré.

✤ En Thaïlande, sourire peut exprimer une gamme d'émotions allant de la joie à la gêne, reflétant la complexité culturelle de l'expression émotionnelle.

วันที่ 29: ความรู้สึก II

1. ฉันรู้สึกเครียด มากเลย
2. ทำไมล่ะ? ฉันกลัว ว่าจะทำไม่ได้
3. ฉันเข้าใจ แต่อย่าวิตกกังวล นะ
4. แต่ฉันสับสน จริงๆ
5. ลองผ่อนคลาย ดูสิ
6. ถ้าสำเร็จ ฉันจะดีใจ มากๆ
7. แน่นอน ฉันก็ปลื้ม ด้วย
8. ฉันรักคุณ นะ
9. ฉันคิดถึงคุณ ด้วย

✣ Utilisez "ได้โปรด" ou "ขอ" devant le verbe pour exprimer une demande ou un souhait poliment en mode impératif.

1. **Chan rûu sùek krîat** mâak loei
2. Tham mai là? **Chan klua** wâ jà thâm mâi dâi
3. **Chan kâo jai** dtàe yà **witok kangwon** na
4. Dtàe **chan sàp son** jing jing
5. Long **phôn klai** duu sǐ
6. Thâ sǎmret **chan jà dee jai** mâak mâak
7. Nâe non **chan gôr pleum** dûay
8. **Chan rak khun** na
9. **Chan kít thǔng khun** dûay

JOUR N°29 : SENTIMENTS II

1. **Je me sens très stressé**
2. Pourquoi donc ? **J'ai peur** de ne pas y arriver
3. **Je comprends** mais ne **t'inquiète pas** trop
4. Mais **je suis vraiment confus**
5. Essaie de **te détendre** un peu
6. Si ça marche, **je serai tellement heureux**
7. Bien sûr, **je serai ravi** aussi
8. **Je t'aime**
9. **Tu me manques** aussi

✤ En Thaïlande, le poème épique "Phra Aphai Mani" de Sunthorn Phu, poète royal, raconte une histoire d'amour, d'aventure et de magie, et est considéré comme un trésor national.

วันที่ 30: ส่วนต่างๆ ของร่างกาย I

1. วันนี้ **หัว** ของฉันปวดมาก
2. ฉันเห็น **ผม** ของเธอยุ่งมาก
3. **ตา** ของฉันรู้สึกเครียด
4. **หู** ของฉันไม่ได้ยินเสียง
5. **จมูก** ของฉันไม่ได้กลิ่น
6. **ปาก** ของฉันแห้งมาก
7. **ฟัน** ของฉันเจ็บ
8. **มือ** และ **แขน** ของฉันอ่อนเพลีย
9. **ขา** ของฉันไม่อยากเดิน

✤ Il est nécessaire que tu saches les noms des parties du corps.

1. wan-nii **hua** khong chan puat mak
2. chan hen **phom** khong ther yung mak
3. **ta** khong chan ru-seuk kriat
4. **hu** khong chan mai dai yin siang
5. **jamuk** khong chan mai dai glin
6. **pak** khong chan haeng mak
7. **fan** khong chan jep
8. **mue** lae **khaen** khong chan on plia
9. **kha** khong chan mai yak dern

JOUR N°30 : PARTIES DU CORPS I

1. Aujourd'hui, **ma tête** me fait très mal.
2. Je vois **tes cheveux** très ébouriffés.
3. **Mes yeux** se sentent fatigués.
4. **Mes oreilles** n'entendent pas de son.
5. **Mon nez** ne sent pas.
6. **Ma bouche** est très sèche.
7. **Mes dents** me font mal.
8. **Mes mains** et **mes bras** sont faibles.
9. **Mes jambes** ne veulent pas marcher.

✤ En Thaïlande, avoir une peau claire est tellement idéalisé que de nombreux produits cosmétiques contiennent des agents blanchissants.

DÉFI N°3

CHOISISSEZ UN ARTICLE COURT DANS UN JOURNAL EN THAÏ ET TRADUISEZ-LE EN FRANÇAIS.

การสื่อสารเป็นสะพานของความเข้าใจ

La communication est le pont de la compréhension.

วันที่ 31: ส่วนต่างๆ ของร่างกาย ภาค 2

1. วันนี้ **หลัง** ฉันเจ็บมาก
2. ทำไมล่ะ? ทำอะไรที่ **สำนักงาน** เหรอ?
3. ใช่, นั่งทำงานนานๆ แล้ว **หลัง** ก็เจ็บ
4. ลองไป **โรงพยาบาล** ดูไหม?
5. ฉันคิดว่าควรไป **ร้านขายยา** ก่อนดีกว่า
6. อาจจะต้องการยาบางอย่างสำหรับ **ผิวหนัง** หรือ **กล้ามเนื้อ**
7. ใช่, และฉันหวังว่ามันจะทำให้ฉัน **ผ่อนคลาย**
8. หวังว่าเธอจะรู้สึก **ดี** เร็วๆ นี้นะ
9. ขอบคุณมาก!

❖ Si tu avais mal à la tête, tu prendrais un médicament.

1. wan-nii **lang** chan jep mak
2. tham-mai la? tham a-rai thi **sam-nak-ngan** reu?
3. chai, nang tham-ngan nan-nan laew **lang** ko jep
4. long pai **rong-pha-ya-ban** du mai?
5. chan kit wa khuan pai **ran khai ya** gon dii kwa
6. aht ja tong kan ya bang yang sam-rap **phiw-nang** reu **klam-nuea**
7. chai, lae chan wang wa man ja tham hai chan **phon-klai**
8. wang wa thoe ja ru-seuk **di** rew-rew nii na
9. khob-khun mak!

JOUR N°31 : PARTIES DU CORPS II ✤

1. Aujourd'hui, **mon dos** me fait très mal.
2. Pourquoi donc ? Tu as fait quelque chose au **bureau** ?
3. Oui, j'ai été assis à travailler pendant longtemps et ensuite **mon dos** a commencé à faire mal.
4. Tu as pensé à aller à l'**hôpital** ?
5. Je pense qu'il vaudrait mieux aller à la **pharmacie** d'abord.
6. Tu auras peut-être besoin de quelque chose pour la **peau** ou les **muscles**.
7. Oui, et j'espère que ça va me **détendre**.
8. J'espère que tu te sentiras **mieux** très bientôt.
9. Merci beaucoup !

✤ En Thaïlande, la danse traditionnelle du "Khon", mêlant danse, musique et arts martiaux, raconte les épopées du Ramakien, version thaïe du Ramayana indien.

วันที่ 32: เวลาและปฏิทิน

1. วันนี้เป็นวันอะไร?
2. วันนี้วันจันทร์ครับ.
3. เรามีปฏิทินไหม?
4. มีครับ อยู่ที่นั่น.
5. คุณมีตารางเวลาสำหรับสัปดาห์นี้ไหม?
6. มีค่ะ ต้องการดูเดือนอะไร?
7. เดือนหน้าค่ะ.
8. ตกลงครับ แล้วเรามีนัดอะไรบ้างในเดือนหน้า?
9. มีการประชุมสำคัญสองครั้งและเดินทางไปต่างจังหวัดหนึ่งครั้งค่ะ.

✤ En thaï, pour exprimer une action au temps présent à la voix active, le sujet fait l'action directement sans particule spécifique pour le temps.

1. **Wan** nii pen wan arai?
2. **Wan** nii wan jan khrap.
3. Rao mi **patithin** mai?
4. Mi khrap, yu thi nan.
5. Khun mi **tarang wela** samrap **sapdah** nii mai?
6. Mi kha, tongkan du **duen** arai?
7. **Duen** na kha.
8. Toklong khrap, laew rao mi nat arai bang nai **duen** na?
9. Mi kan prachum samkhan song khrang lae doenthang pai tang changwat nueng khrang kha.

JOUR N°32 : TEMPS ET CALENDRIER

1. **Aujourd'hui**, c'est quel jour ?
2. **Aujourd'hui**, c'est lundi, monsieur.
3. Avons-nous un **calendrier** ?
4. Oui, monsieur. Il est là-bas.
5. Avez-vous un **emploi du temps** pour cette **semaine** ?
6. Oui, madame. Vous voulez voir quel **mois** ?
7. Le **mois** prochain, s'il vous plaît.
8. D'accord, monsieur. Alors, avons-nous des rendez-vous le **mois** prochain ?
9. Nous avons deux réunions importantes et un déplacement en province, madame.

✤ En Thaïlande, l'année 2023 correspond à l'année 2566 selon le calendrier bouddhiste.

วันที่ 33: อาหาร I

1. วันนี้คุณอยากกินอะไร?
2. ฉันอยากกินข้าวกับเนื้อสัตว์และผัก.
3. คุณอยากดื่มอะไร? ชา, กาแฟหรือเบียร์?
4. ฉันอยากดื่มชาร้อน.
5. หลังจากนั้นเรากินขนมปังกับไข่ได้ไหม?
6. ได้สิ, และเรามีผลไม้เป็นของหวาน.
7. ฉันชอบผลไม้เย็นๆ.
8. คุณชอบพาสต้าไหม?
9. ชอบ, แต่วันนี้ฉันอยากกินข้าวมากกว่า.

✤ En thaï, pour former la voix passive, on utilise souvent le mot "ถูก" (tùuk) devant le verbe, par exemple "อาหารถูกกิน" signifie "La nourriture est mangée".

1. Wan-nii khun yaak gin arai?
2. Chan yaak gin **khao** kap **nuea sat** lae **phak**.
3. Khun yaak deum arai? **Cha, ga-fae rue bia**?
4. Chan yaak deum **cha** ron.
5. Lang jaak nan rao gin **khanom pang** kap **khai** dai mai?
6. Dai si, lae rao mi **phonlamai** pen khong wan.
7. Chan chop **phonlamai** yen yen.
8. Khun chop **phasta** mai?
9. Chop, tae wan-nii chan yaak gin **khao** mak kwa.

JOUR N°33 : NOURRITURE I

1. Aujourd'hui, tu veux manger quoi ?
2. Je veux manger du **riz** avec de la **viande** et des **légumes**.
3. Tu veux boire quoi ? Du **thé**, du **café** ou de la **bière** ?
4. Je veux boire du **thé** chaud.
5. Après ça, on peut manger du **pain** avec des **œufs** ?
6. Oui, et on a des **fruits** pour le dessert.
7. J'aime les **fruits** froids.
8. Tu aimes les **pâtes** ?
9. Oui, mais aujourd'hui, je préfère manger du **riz**.

✤ Le Pad Thaï, plat national de la Thaïlande, a été promu dans les années 1930 par le gouvernement pour renforcer l'identité nationale.

วันที่ 34: อาหาร ชุดที่ 2

1. วันนี้กิน**อาหาร**อะไรดี?
2. **แซนด์วิช**ไก่หรือ**ซุป**เนื้อวัวดี?
3. **แซนด์วิช**ไก่มี**เนย**และ**ชีส**ด้วยไหม?
4. มีครับ และยังมี**พริกไทย**โรยหน้าด้วย
5. ดีจัง แล้วเรากิน**เค้ก**ชาหรือกาแฟดี?
6. **เค้ก**ชากับกาแฟดูเข้ากันดีนะ
7. ใช่ แล้วเรากิน**สลัดหมู**หรือเนื้อวัวดี?
8. **สลัดหมู**ดีกว่า ผมชอบ**หมู**มากกว่าเนื้อวัว
9. ตกลง แซนด์วิชไก่ กาแฟ และสลัดหมูนะ

✤ En thaï, pour indiquer avec quoi vous mangez, placez le mot "**ด้วย**" (dûai) après le nom de l'aliment.

1. Wan nii kin **aharn** arai di?
2. **Saen-wit** kai rue **sup** nuea wua di?
3. **Saen-wit** kai mi **noei** lae **chis** duai mai?
4. Mi khrap lae yang mi **phrik thai** roi na duai
5. Di jang laew rao kin **kek** cha rue gafae di?
6. **Kek** cha kap gafae du khan di na
7. Chai laew rao kin **salat** mu rue **nuea wua** di?
8. **Salat** mu di kwa phom chop **mu** mak kwa **nuea wua**
9. Tok long saen-wit kai gafae lae salat mu na

JOUR N°34 : ALIMENTS II

1. Qu'est-ce qu'on mange de bon **aujourd'hui** ?
2. Un **sandwich** au poulet ou une **soupe** de bœuf, ça te dit ?
3. Le **sandwich** au poulet, il a du **beurre** et du **fromage** aussi ?
4. Oui, et il est aussi saupoudré de **poivre noir**.
5. Super. Et on prend un **gâteau** au thé ou au café ?
6. Un **gâteau** au thé avec du café, ça semble bien aller ensemble.
7. D'accord. Et on prend une **salade** de porc ou de **bœuf** ?
8. Une **salade** de porc, c'est mieux. Je préfère le **porc** au **bœuf**.
9. Entendu, donc un sandwich au poulet, du café, et une salade de porc.

✤ En Thaïlande, le plat national, le Pad Thaï, a été popularisé dans les années 1930 pour renforcer l'identité nationale et réduire la consommation de riz.

วันที่ 35: เครื่องดื่มและของหวาน

1. วันนี้อยากดื่ม**น้ำผลไม้**หรือ**โซดา**คะ?
2. ฉันอยากดื่ม**น้ำผลไม้**ครับ.
3. แล้วของหวานล่ะคะ? มี**ไอศกรีม**, **พาย**, **และขนมอบ**.
4. ฉันขอ**ไอศกรีม**กับ**ช็อคโกแลต**นะครับ.
5. ต้องการเพิ่ม**โทสต์**เนยด้วยไหมครับ?
6. ไม่เป็นไรครับ, ขอแค่**ไอศกรีม**กับ**ช็อคโกแลต**พอ.
7. ได้เลยครับ, รอสักครู่นะครับ.

✤ En thaï, pour dire "Je bois du thé et mange un gâteau", on utilise deux propositions indépendantes : "ฉันดื่มชา" et "ฉันกินเค้ก".

1. Wan-nii yaak duem **nam phl mai** rue **so da** kha?
2. Chan yaak duem **nam phl mai** khrap.
3. Laeo khong wan lae kha? Mii **ai-sa-khriim**, **phai**, **lae khanom op**.
4. Chan khor **ai-sa-khriim** kap **chok ko laet** na khrap.
5. Tong kan phoem **tho-sot** noei duai mai khrap?
6. Mai pen rai khrap, khor khae **ai-sa-khriim** kap **chok ko laet** phor.
7. Dai leoi khrap, ror sak khrun na khrap.

JOUR N°35 : BOISSONS ET DESSERTS

1. Aujourd'hui, vous préférez boire du **jus de fruits** ou du **soda** ?
2. Je voudrais du **jus de fruits**, s'il vous plaît.
3. Et pour le dessert ? Nous avons de la **glace**, de la **tarte**, et des **pâtisseries**.
4. Je prendrai de la **glace** avec du **chocolat**, s'il vous plaît.
5. Souhaitez-vous ajouter du **pain grillé** au beurre aussi ?
6. Non merci, juste de la **glace** avec du **chocolat** suffira.
7. Très bien, veuillez patienter un moment, s'il vous plaît.

♣ En Thaïlande, le dessert "Mango Sticky Rice" est traditionnellement consommé pendant la saison des mangues pour célébrer la nouvelle récolte.

วันที่ 36: การทำอาหารและห้องครัว

1. วันนี้เราจะ**อบ**อะไรดี?
2. ฉันอยาก**ย่าง**เนื้อสัตว์.
3. เราต้องใช้**เตาอบ**หรือไม่?
4. ใช่, และเตรียม**จาน, ส้อม, ช้อน,** และ**มีด**ด้วย.
5. เนื้อสัตว์อยู่ใน**ตู้เย็น**ไหม?
6. อยู่ตรงชั้นบนสุด. หลังจากนั้นเราจะทำ**ทอด**ผัก.
7. ดีมาก, ฉันจะเตรียมน้ำผลไม้และโซดา.
8. อย่าลืมเช็ค**ตู้เย็น**ว่ามีนมหรือเบียร์ไหม.
9. โอเค, หลังจากกินเราจะดูหนังกัน.

✤ En thaï, pour exprimer une action qui se produit en cuisinant, on utilise la proposition subordonnée en ajoutant "ขณะที่" (khanàthî) avant le verbe de l'action principale, par exemple "ขณะที่ผมทำอาหาร" signifie "pendant que je cuisine".

1. Wan-nii rao ja **op** a-rai di?
2. Chan yaak **yang** neua sat.
3. Rao tong chai **tao op** rue plao?
4. Chai, lae triam **jan, som, chon**, lae **meet** duay.
5. Neua sat yuu nai **tuu yen** mai?
6. Yuu trong chan bon sut. Lang jaak nan rao ja tham **thot** phak.
7. Di mak, chan ja triam nam phlomai lae soda.
8. Yaa lum check **tuu yen** wa mee nom rue bia mai.
9. O-khei, lang jaak gin rao ja du nang kan.

JOUR N°36 : CUISINE ET CUISINE

1. Aujourd'hui, que devrions-nous **cuire au four** ?
2. Je veux **griller** de la viande.
3. Devons-nous utiliser un **four** ?
4. Oui, et prépare aussi des **assiettes**, des **fourchettes**, des **cuillères**, et des **couteaux**.
5. La viande est-elle dans le **réfrigérateur** ?
6. Elle est sur l'étagère du haut. Après ça, nous ferons **frire** des légumes.
7. Parfait, je vais préparer du jus de fruits et du soda.
8. N'oublie pas de vérifier dans le **réfrigérateur** si nous avons du lait ou de la bière.
9. D'accord, après le repas, nous regarderons un film.

✤ Le chef thaïlandais McDang est reconnu comme un ambassadeur de la cuisine thaïe dans le monde, promouvant l'importance de l'équilibre des saveurs caractéristique de cette cuisine.

วันที่ 36: การทำอาหารและห้องครัว

1. วันนี้เราจะ**อบ**อะไรดี?
2. ฉันอยาก**ย่าง**เนื้อสัตว์.
3. เราต้องใช้**เตาอบ**หรือไม่?
4. ใช่, และเตรียม**จาน, ส้อม, ช้อน,** และ**มีด**ด้วย.
5. เนื้อสัตว์อยู่ใน**ตู้เย็น**ไหม?
6. อยู่ตรงชั้นบนสุด. หลังจากนั้นเราจะทำ**ทอด**ผัก.
7. ดีมาก, ฉันจะเตรียมน้ำผลไม้และโซดา.
8. อย่าลืมเช็ค**ตู้เย็น**ว่ามีนมหรือเบียร์ไหม.
9. โอเค, หลังจากกินเราจะดูหนังกัน.

✤ En thaï, pour exprimer une action qui se produit en cuisinant, on utilise la proposition subordonnée en ajoutant "ขณะที่" (khanàthî) avant le verbe de l'action principale, par exemple "ขณะที่ผมทำอาหาร" signifie "pendant que je cuisine".

1. Wan-nii rao ja **op** a-rai di?
2. Chan yaak **yang** neua sat.
3. Rao tong chai **tao op** rue plao?
4. Chai, lae triam **jan, som, chon,** lae **meet** duay.
5. Neua sat yuu nai **tuu yen** mai?
6. Yuu trong chan bon sut. Lang jaak nan rao ja tham **thot** phak.
7. Di mak, chan ja triam nam phlomai lae soda.
8. Yaa lum check **tuu yen** wa mee nom rue bia mai.
9. O-khei, lang jaak gin rao ja du nang kan.

JOUR N°36 : CUISINE ET CUISINE

1. Aujourd'hui, que devrions-nous **cuire au four** ?
2. Je veux **griller** de la viande.
3. Devons-nous utiliser un **four** ?
4. Oui, et prépare aussi des **assiettes**, des **fourchettes**, des **cuillères**, et des **couteaux**.
5. La viande est-elle dans le **réfrigérateur** ?
6. Elle est sur l'étagère du haut. Après ça, nous ferons **frire** des légumes.
7. Parfait, je vais préparer du jus de fruits et du soda.
8. N'oublie pas de vérifier dans le **réfrigérateur** si nous avons du lait ou de la bière.
9. D'accord, après le repas, nous regarderons un film.

✤ Le chef thaïlandais McDang est reconnu comme un ambassadeur de la cuisine thaïe dans le monde, promouvant l'importance de l'équilibre des saveurs caractéristique de cette cuisine.

วันที่ 37: การเดินทางและสถานที่ II

1. วันนี้เราจะไป**หาดทราย**กันไหม?
2. ฉันอยากไป**ภูเขา**มากกว่า
3. แต่**ป่า**ใกล้**ภูเขา**น่าสนใจกว่า
4. เราสามารถผ่าน**แม่น้ำ**และ**ทะเล**ไป**เกาะ**ได้ไหม?
5. น่าสนใจนะ แต่ฉันกลัว**มหาสมุทร**
6. เราไป**หุบเขา**แล้วกลับมาที่**ทะเลทราย**ได้ไหม?
7. ฉันคิดว่าเราควรอยู่ใกล้**ดงดิบ**มากกว่า
8. ใช่ แล้วเราจะได้เห็น**ฤดูร้อน**ที่สวยงาม
9. ดีมาก ครอบครัวของเราจะชอบแน่นอน

✤ En thaï, pour former une phrase complexe sur le thème du voyage, on utilise souvent des conjonctions comme "และ" (et) pour lier des idées sur différents lieux.

1. Wan-nii rao ja pai **haad sai** kan mai?
2. Chan yak pai **phu khao** mak kwa
3. Tae **pa** klai **phu khao** na san jai kwa
4. Rao sa-mat phan **mae nam** lae **tha-le** pai **ko** dai mai?
5. Na san jai na tae chan klua **maha samut**
6. Rao pai **hup khao** laeo klap ma thi **tha-le sai** dai mai?
7. Chan kit wa rao khuan yu klai **dong dip** mak kwa
8. Chai laeo rao ja dai hen **ru-du ron** thi suay ngam
9. Di mak khrap-khrua khong rao ja chop nae non

JOUR N°37 : VOYAGE ET LIEUX II

1. Aujourd'hui, allons-nous à la **plage** ensemble ?
2. Je préférerais aller à la **montagne**.
3. Mais la **forêt** près de la **montagne** est plus intéressante.
4. Pouvons-nous passer par le **fleuve** et la **mer** pour aller à l'**île** ?
5. C'est intéressant, mais j'ai peur de l'**océan**.
6. Pouvons-nous aller au **ravin** puis revenir au **désert** ?
7. Je pense que nous devrions rester plus près de la **jungle**.
8. Oui, et nous pourrons voir un bel **été**.
9. C'est parfait, notre famille va certainement aimer.

✣ Marco Polo, lors de ses voyages, a décrit le royaume de Siam, aujourd'hui la Thaïlande, comme un lieu d'une grande beauté et richesse.

วันที่ 38: ฉุกเฉินและสุขภาพ

1. ฉัน**แพ้**น้ำผลไม้ค่ะ
2. คุณต้องการ**ช่วยเหลือ**ไหมครับ?
3. ใช่ค่ะ, ฉันรู้สึกไม่ดี
4. เราควรโทรหา**ตำรวจ**หรือไป**โรงพยาบาล**ดีครับ?
5. ไป**โรงพยาบาล**ดีกว่าค่ะ, ฉันต้องการพบ**แพทย์**
6. คุณมี**บาดแผล**ไหมครับ?
7. ไม่ค่ะ, แต่ฉันรู้สึกแย่มาก
8. โอเคครับ, ฉันจะหา**ยา**และ**เม็ดยา**ให้คุณ
9. ขอบคุณมากค่ะ, คุณช่วยฉันได้มากเลย

❖ En thaï, les mots liés à la santé et aux urgences ne changent pas de forme selon le genre du sujet.

1. Chan **pae** nam phlai kha
2. Khun tongkan **chuay luea** mai khrap?
3. Chai kha, chan ru suek mai dee
4. Rao khuan toh ha **tamruat** rue pai **rong phayaban** dee khrap?
5. Pai **rong phayaban** dee kwa kha, chan tongkan phop **phaet**
6. Khun mi **bad phlaen** mai khrap?
7. Mai kha, tae chan ru suek yae mak
8. Ok khrap, chan ja ha **ya** lae **met ya** hai khun
9. Khob khun mak kha, khun chuay chan dai mak loei

JOUR N°38 : URGENCES ET SANTÉ

1. Je suis **allergique** aux jus de fruits.
2. Vous avez besoin d'**aide** ?
3. Oui, je ne me sens pas bien.
4. Devrions-nous appeler la **police** ou aller à l'**hôpital** ?
5. Allons à l'**hôpital**, je dois voir un **médecin**.
6. Avez-vous des **blessures** ?
7. Non, mais je me sens très mal.
8. D'accord, je vais chercher des **médicaments** et des **pilules** pour vous.
9. Merci beaucoup, vous m'avez beaucoup aidé.

✤ En Thaïlande, le système de santé universel, lancé en 2002, permet à tous les citoyens d'accéder aux soins médicaux pour moins d'un dollar par visite.

วันที่ 39: ตัวเลข 21-30

1. ฉันมี **ยี่สิบเอ็ด** จาน แต่ต้องการ **ยี่สิบสอง** จาน คุณมีจานเพิ่มไหม?
2. มีครับ แต่ฉันมี **ยี่สิบสาม** ส้อม และ **ยี่สิบสี่** ช้อนเท่านั้น
3. ไม่เป็นไรค่ะ ฉันมี **ยี่สิบห้า** ช้อนอยู่แล้ว
4. ดีมากครับ แล้วเรามี **ยี่สิบหก** แก้วน้ำหรือยัง?
5. ฉันมี **ยี่สิบเจ็ด** แก้วค่ะ แต่ฉันกลัวว่ามันจะไม่พอ
6. ฉันจะไปหาเพิ่มให้ ฉันคิดว่าโรงพยาบาลใกล้ๆ นี้มี **ยี่สิบแปด** แก้ว
7. โรงพยาบาลหรือคะ? ทำไมไม่ไปร้านค้าล่ะคะ?
8. อ๋อ ฉันสับสน ฉันหมายถึงร้านค้าที่มี **ยี่สิบเก้า** แก้วน้ำ
9. โอเคค่ะ แล้วเราจะมี **สามสิบ** แก้วน้ำพอดีเลย!

✤ En thaï, les nombres précèdent les noms sans changer de forme pour l'accord.

1. Chan mee **yeesip-et** jaan dtae dtong gaan **yeesipsong** jaan khun mee jaan pheerm mai?
2. Mee khrap dtae chan mee **yeesipsaam** saawm lae **yeesipsii** chon thao nan
3. Mai bpen rai kha chan mee **yeesiphaa** chon yuu laew
4. Dee maak khrap laew rao mee **yeesiphok** gaew naam rue yang?
5. Chan mee **yeesipjet** gaew kha dtae chan glua wa man ja mai por
6. Chan ja bpai haa pheerm hai chan kit wa roong phayaabaan glai glai nee mee **yeesippaet** gaew
7. Roong phayaabaan rue kha? Tham mai mai bpai raan khaa la kha?
8. Oh chan sapson chan mai teung raan khaa thee mee **yeesipgao** gaew naam
9. Oke kha laew rao ja mee **saamsip** gaew naam por dee loei!

JOUR N°39 : NOMBRES 21-30

1. J'ai **vingt-et-un** assiettes, mais j'ai besoin de **vingt-deux** assiettes. Avez-vous une assiette supplémentaire ?
2. Oui, mais j'ai seulement **vingt-trois** fourchettes et **vingt-quatre** cuillères.
3. Ce n'est pas grave, j'ai déjà **vingt-cinq** cuillères.
4. Très bien. Avons-nous déjà **vingt-six** verres ?
5. J'ai **vingt-sept** verres, mais je crains que ce ne soit pas suffisant.
6. Je vais en chercher d'autres. Je pense que l'hôpital à proximité a **vingt-huit** verres.
7. L'hôpital ? Pourquoi ne pas aller dans un magasin ?
8. Oh, je me suis trompé. Je voulais dire le magasin qui a **vingt-neuf** verres d'eau.
9. D'accord. Alors, nous aurons exactement **trente** verres !

✤ En Thaïlande, certains croient que les numéros de loterie peuvent être révélés dans les motifs trouvés sur la peau des bananes ou dans les comportements des animaux.

วันที่ 40: วันในสัปดาห์

1. เมื่อวานคุณทำอะไร
2. เมื่อวานผมไปหาดทราย.
3. วันนี้ล่ะ?
4. วันนี้ผมจะไปป่า.
5. พรุ่งนี้คุณมีแผนอะไร?
6. พรุ่งนี้ผมคิดจะไปภูเขา.
7. คุณชอบวันเสาร์หรือวันอาทิตย์มากกว่ากัน?
8. ผมชอบวันเสาร์เพราะผมสามารถพักผ่อนได้.
9. ดีมาก, สนุกกับการเดินทางนะ.

✤ En thaï, pour comparer les jours de la semaine, on utilise "กว่า" (kwà) après le jour considéré comme inférieur.

1. **Muea wan** khun tham arai
2. Muea wan phom pai **haad sai**.
3. **Wan ni** la?
4. Wan ni phom ja pai **pa**.
5. **Phrung ni** khun mi phaen arai?
6. Phrung ni phom khit ja pai **phu khao**.
7. Khun chop **wan sao** rue **wan athit** mak kwa kan?
8. Phom chop **wan sao** phro phom samakhan phakphon dai.
9. Di mak, sanuk kap kan duen thang na.

JOUR N°40 : JOURS DE LA SEMAINE

1. **Hier**, qu'avez-vous fait ?
2. Hier, je suis allé à la **plage**.
3. **Et aujourd'hui** ?
4. Aujourd'hui, je vais aller dans la **forêt**.
5. **Et pour demain**, vous avez des projets ?
6. Demain, je pense aller à la **montagne**.
7. Vous préférez le **samedi** ou le **dimanche** ?
8. Je préfère le **samedi** parce que je peux me reposer.
9. Très bien, amusez-vous bien pendant votre voyage.

✤ En Thaïlande, chaque jour de la semaine est associé à une couleur spécifique en lien avec un dieu hindou, influençant les vêtements que les gens choisissent de porter.

DÉFI N°4

RÉDIGEZ UNE LETTRE OU UN EMAIL EN THAÏ À UN AMI FICTIF OU RÉEL.

ผลักดันตัวเองเพื่อความสำเร็จ

Poussez-vous vers le succès.

วันที่ 41: ทำความสะอาด I

1. วันนี้เราจะ**ทำความสะอาด**ห้องนั่งเล่นกันนะ
2. ใช่ ฉันจะเริ่มจาก**โซฟา**
3. ดีมาก แล้วฉันจะทำความสะอาด**โต๊ะ**และ**เก้าอี้**
4. เยี่ยม หลังจากนั้นเรามาทำความสะอาด**ห้องน้ำ**
5. แล้ว**ห้องครัว**ล่ะ?
6. ฉันจะทำ**ห้องครัว** อย่าลืม**โคมไฟ**และ**ประตู**นะ
7. แน่นอน แล้วเราจะทำความสะอาด**หน้าต่าง**และ**ผนัง**ด้วย
8. ทำงานร่วมกัน บ้านเราจะสะอาดแน่นอน
9. ใช่ ทำความสะอาดบ้านด้วยกันมันก็สนุกดีนะ

✤ En thaï, pour former le superlatif, on utilise "ที่สุด" (thî sùt) après l'adjectif.

1. Wan nii rao ja **tham khwam sa-at** hong nang len gan na
2. Chai, chan ja rerm jak **sofa**
3. Di mak, laew chan ja tham khwam sa-at **to** lae **kao i**
4. Yiam, lang ja nak rao ma tham khwam sa-at **hong nam**
5. Laew **hong khrua** la?
6. Chan ja tham **hong khrua** ya lum **khom fai** lae **pratu** na
7. Naenon, laew rao ja tham khwam sa-at **na tang** lae **phanang** duay
8. Tham ngan rum kan, ban rao ja sa-at naenon
9. Chai, tham khwam sa-at ban duay kan man ko sanuk di na

JOUR N°41 : MÉNAGE I

1. Aujourd'hui, nous allons **nettoyer** le salon ensemble.
2. Oui, je vais commencer par le **canapé**.
3. Très bien, ensuite je nettoierai la **table** et les **chaises**.
4. Super, après cela, nous nettoierons la **salle de bain**.
5. Et la **cuisine** alors ?
6. Je m'occuperai de la **cuisine**. N'oublie pas les **luminaires** et les **portes**.
7. Bien sûr, et nous nettoierons aussi les **fenêtres** et les **murs**.
8. En travaillant ensemble, notre maison sera certainement propre.
9. Oui, nettoyer la maison ensemble, c'est aussi assez amusant.

✤ En Thaïlande, le nettoyage des maisons avant le Nouvel An, connu sous le nom de Songkran, est une tradition visant à éliminer la malchance de l'année précédente.

วันที่ 42: ทำความสะอาด 2

1. วันนี้เราต้องทำความสะอาด**บ้าน**หรือ**อพาร์ตเมนต์**กันแล้วนะ
2. ใช่, เริ่มจาก**หลังคา**หรือ**ระเบียง**ก่อนดี?
3. ฉันคิดว่าเราควรเริ่มจาก**ห้อง**และ**สวน**ก่อน
4. แล้ว**โรงรถ**ล่ะ?
5. เราจะทำความสะอาด**โรงรถ**หลังจาก**บันได**และ**พื้น**
6. อย่าลืม**เพดาน**ด้วยนะ
7. ใช่, และเราต้องทำความสะอาด**โซฟา, โต๊ะ, เก้าอี้และเตียง**ด้วย
8. **ห้องน้ำ**ต้องทำความสะอาดทุกวัน
9. ดีมาก, เราจะทำให้ทุกอย่างสะอาดเรียบร้อย

❖ En thaï, pour comparer deux choses, on utilise "กว่า" (plus que) après l'adjectif.

1. Wan ni rao tong tham khwam sa-at **ban** rue **apartmen** gan laeo na
2. Chai, rim jak **lang ka** rue **ra biang** gon di?
3. Chan khid wa rao khuan rim jak **hong** lae **suan** gon
4. Laeo **rong rot** la?
5. Rao ja tham khwam sa-at **rong rot** lang jak **ban dai** lae **phuen**
6. Yah luem **phet dan** duay na
7. Chai, lae rao tong tham khwam sa-at **sofa, to, kao i lae tiang** duay
8. **Hong nam** tong tham khwam sa-at thuk wan
9. Di mak, rao ja tham hai thuk yang sa-at riap roi

JOUR N°42 : MÉNAGE II

1. Aujourd'hui, nous devons nettoyer la **maison** ou l'**appartement**.
2. Oui, on commence par le **toit** ou le **balcon** d'abord ?
3. Je pense qu'on devrait commencer par les **chambres** et le **jardin**.
4. Et le **garage** alors ?
5. Nous nettoierons le **garage** après les **escaliers** et le **sol**.
6. N'oubliez pas le **plafond** aussi.
7. Oui, et nous devons nettoyer le **canapé**, les **tables**, les **chaises** et le **lit** aussi.
8. La **salle de bain** doit être nettoyée tous les jours.
9. Très bien, nous allons tout rendre propre et ordonné.

✤ En Thaïlande, le robot de cuisine "Auto-Chef" peut préparer plus de 45 plats thaïs traditionnels, révolutionnant la cuisine domestique.

วันที่ 43: ทิศทางและตำแหน่ง II

1. **ที่นี่** สวนหรือไม่?
2. ไม่ใช่, **ที่นั่น** สวน.
3. ห้องของเราอยู่ **บน** หรือ **ล่าง**?
4. อยู่ **บน** หลังคา.
5. เราจะไปสถานีรถไฟ **ข้างหลัง** อพาร์ตเมนต์ได้ไหม?
6. ได้, แต่ต้องเดินผ่านสวน **ระหว่าง** อพาร์ตเมนต์.
7. เราจะดื่มอะไร? **ชา, กาแฟ, หรือ เบียร์**?
8. ฉันอยากดื่ม **ชา**.
9. โอเค, เราจะนั่ง **ข้างๆ** หรือ **ข้างใน**?
10. **ข้างใน** ดีกว่า, มีแอร์.

✤ En thaï, pour indiquer une direction ou un emplacement, placez le mot de lieu ou de direction après le verbe.

1. thee nee suan reu mai?
2. mai chai, thee nan suan.
3. hong khong rao yoo bon reu lang?
4. yoo bon lang kha.
5. rao ja pai sathani rot fai khang lang apartment dai mai?
6. dai, tae tong dern phan suan rawang apartment.
7. rao ja deum arai? cha, ga-fae, reu bia?
8. chan yak deum cha.
9. o-khe, rao ja nang khang-khon reu khang nai?
10. khang nai dee gwah, mee air.

JOUR N°43 : DIRECTION ET EMPLACEMENT II

1. **Ici**, c'est un jardin ou pas ?
2. Non, **là-bas** c'est un jardin.
3. Notre chambre est **en haut** ou **en bas** ?
4. Elle est **en haut**, sur le toit.
5. Peut-on aller à la gare **derrière** l'appartement ?
6. Oui, mais il faut passer par le jardin **entre** les appartements.
7. Qu'est-ce qu'on boit ? **Thé, café, ou bière** ?
8. Je veux boire du **thé**.
9. D'accord, on s'assoit **à côté** ou **à l'intérieur** ?
10. **À l'intérieur** c'est mieux, il y a la climatisation.

✤ En Thaïlande, la ville de Bangkok a été officiellement enregistrée dans les cartes sous son nom complet, le plus long au monde : "Krung Thep Mahanakhon Amon Rattanakosin Mahinthara Ayuthaya Mahadilok Phop Noppharat Ratchathani Burirom Udomratchaniwet Mahasathan Amon Piman Awatan Sathit Sakkathattiya Witsanukam Prasit".

วันที่ 44: ช้อปปิ้ง ครั้งที่ 3

1. วันนี้เราจะไป**ศูนย์การค้า**กันไหม?
2. ดีมาก, ฉันอยากไป**ซูเปอร์มาร์เก็ต**ด้วย.
3. เราต้องการ**ตะกร้า**หนึ่งใบสำหรับของที่เราจะซื้อ.
4. ใช่, และอย่าลืมเช็ค**ราคา**และ**ส่วนลด**ด้วยนะ.
5. หลังจากซื้อของเสร็จ เราต้องไปที่**เคาน์เตอร์จ่ายเงิน**.
6. ถ้ามีปัญหา เราสามารถขอ**การคืนเงิน**ได้ไหม?
7. ได้, แต่ต้องมี**ใบเสร็จ**เสมอ.
8. หวังว่าเราจะได้ของที่ลด**ราคา**เยอะๆ.
9. ใช่, ฉันก็หวังเช่นกัน.

✣ En thaï, pour former une question, on place souvent la particule "ไหม (mai)" à la fin de la phrase, sans inverser le sujet et le verbe.

1. Wan-nii rao ja pai **suun-yaa-kaa** kan mai?
2. Di mak, chan yak pai **suu-poe-maa-ket** duay.
3. Rao tong-kaan **ta-kraa** neung bai sam-rap khong thi rao ja sue.
4. Chai, lae ya leum check **ra-kaa** lae **saun-lot** duay na.
5. Lang ja sue khong set, rao tong pai thi **khaun-dter jai ngern**.
6. Tha mee pan-ha, rao sa-mat khaw **kaan khuen ngern** dai mai?
7. Dai, tae tong mee **bai set** sa-moe.
8. Wang wa rao ja dai khong thi **lot ra-kaa** yoe-yoe.
9. Chai, chan gor wang chen gan.

JOUR N°44 : SHOPPING III

1. Aujourd'hui, allons-nous au **centre commercial** ensemble ?
2. Super, je veux aussi aller au **supermarché**.
3. Nous aurons besoin d'un **panier** pour les articles que nous allons acheter.
4. Oui, et n'oublie pas de vérifier les **prix** et les **réductions** aussi.
5. Après avoir fini nos achats, nous devrons aller à la **caisse**.
6. Si il y a un problème, pouvons-nous demander un **remboursement** ?
7. Oui, mais il faut toujours avoir le **reçu**.
8. J'espère que nous trouverons beaucoup d'articles en **promotion**.
9. Oui, j'espère aussi.

✢ En Thaïlande, offrir un cadeau en noir est considéré comme de mauvais augure, car cette couleur est associée au deuil.

วันที่ 45: เงินและการชำระเงิน

1. ฉันอยาก**ซื้อ**โซดาที่ซูเปอร์มาร์เก็ต
2. คุณมี**เงินสด**หรือจะใช้**บัตรเครดิต**?
3. ฉันมีแต่**เหรียญ**กับ**ธนบัตร**เอง
4. ไม่เป็นไรครับ ที่นี่รับ**เงินสด**ทุก**สกุลเงิน**
5. **อัตราแลกเปลี่ยน**เป็นอย่างไรบ้างคะ?
6. วันนี้**อัตราแลกเปลี่ยน**ดีมากครับ คุณสามารถเช็คที่เอทีเอ็มได้
7. ขอบคุณค่ะ แล้วฉันจะใช้**บัตรเดบิต**จ่ายที่**เคาน์เตอร์จ่ายเงิน**
8. ได้เลยครับ หลังจากนั้นอย่าลืมเก็บ**เงินสด**ทอนและ**เหรียญ**ด้วยนะครับ
9. ขอบคุณมากค่ะ

✤ En thaï, pour indiquer le montant lors d'un paiement, placez le nombre avant le mot "บาท" (baht, la monnaie thaïlandaise).

1. Chan yaak **sue** soda thi super market
2. Khun mee **ngoen sot** rue ja chai **bat krathedid**?
3. Chan mee daet **rian** gap **thanabat** aeng
4. Mai pen rai khrap thi ni rap **ngoen sot** thuk **skul ngoen**
5. **Attra laek plian** pen yang rai ba?
6. Wan ni **attra laek plian** dee mak khrap khun samart chek thi **ATM** dai
7. Khop khun kha laew chan ja chai **bat debit** jai thi **kaunter jai ngoen**
8. Dai loei khrap lang ja na leum kep **ngoen sot** thon lae **rian** duay na khrap
9. Khop khun mak kha

JOUR N°45 : ARGENT ET PAIEMENTS

1. Je veux **acheter** du soda au supermarché.
2. Vous avez du **liquide** ou allez-vous utiliser une **carte de crédit** ?
3. Je n'ai que des **pièces** et des **billets**.
4. Pas de problème, nous acceptons le **liquide** dans toutes les **devises**.
5. Quel est le **taux de change** ?
6. Aujourd'hui, le **taux de change** est très bon. Vous pouvez vérifier à l'**ATM**.
7. Merci. Alors, je vais payer avec ma **carte de débit** à la **caisse**.
8. Bien sûr, après cela, n'oubliez pas de récupérer votre **monnaie** et vos **pièces**.
9. Merci beaucoup.

✤ En Thaïlande, jusqu'au 19ème siècle, les coquillages étaient utilisés comme monnaie d'échange.

วันที่ 46: เวลาและธรรมชาติ

1. วันนี้อากาศอย่างไรบ้าง?
2. **พยากรณ์**บอกว่าจะมี**เสียงฟ้าร้อง**และ**ฟ้าผ่า**ครับ.
3. แล้วจะมี**ฝนปรอยๆ**หรือเปล่า?
4. ใช่ครับ, แต่หลังจากนั้น**แดดจ้า**จะออก.
5. ฟังดูจะ**ชื่น**มากเลยนะ.
6. ใช่ค่ะ, แต่เราอาจจะเห็น**รุ้ง**หลังฝนหยุด.
7. มองเห็น**เมฆ**ไหม?
8. ตอนนี้เห็น**เมฆ**เยอะมากค่ะ.
9. สวยจังเลยนะ.

❖ En thaï, pour indiquer le temps (passé, présent, futur), on utilise des mots spécifiques avant ou après le verbe, car il n'y a pas de conjugaison comme en français.

1. wan-nii **aakat** yaang rai bang?
2. **phayakon** bok wa ja mi **siang faa rong** lae **faa pha** khrap.
3. laew ja mi **fon pray-pray** rue plao?
4. chai khrap, dtae lang jak nan **daet jaa** ja ok.
5. fang duu ja **cheun** mak loei na.
6. chai kha, dtae rao aat ja hen **roong** lang fon yut.
7. mong hen **mek** mai?
8. dton-nii hen **mek** yo mak kha.
9. suay jang loei na.

JOUR N°46 : TEMPS ET NATURE

1. Comment est le **temps** aujourd'hui ?
2. La **météo** annonce qu'il y aura des **coups de tonnerre** et des **éclairs**, monsieur.
3. Y aura-t-il de la **pluie fine** aussi ?
4. Oui, monsieur, mais après cela le **soleil brillera**.
5. Ça a l'air d'être très **humide**.
6. Oui, madame, mais nous pourrions voir un **arc-en-ciel** après que la pluie se soit arrêtée.
7. Vous voyez des **nuages** ?
8. En ce moment, il y a beaucoup de **nuages**, madame.
9. C'est vraiment beau.

✤ En Thaïlande, le mythe du Nang Tani raconte l'histoire d'un esprit féminin qui habite les bananiers et se manifeste comme une belle femme verte lors de la pleine lune.

วันที่ 47: ภัยพิบัติและภูมิศาสตร์

1. **พายุเฮอริเคน** กำลังมา, ฟ้าผ่าศูนย์การค้า.
2. ใช่, ฉันได้ยิน **เสียงฟ้าร้อง** เมื่อคืน.
3. คุณคิดว่าจะมี **แผ่นดินไหว** ไหม?
4. ไม่แน่นอน, แต่ **พายุทอร์นาโด** ก็เป็นไปได้.
5. ฉันหวังว่า **ภูเขาไฟ** ใกล้ **หุบเขา** จะไม่ระเบิด.
6. เราควรซื้อของที่ **ร้านขายของชำ** และเตรียม **ตะกร้า**.
7. ใช่, ไปที่ **เคาน์เตอร์จ่ายเงิน** ก่อนที่อากาศจะ **ร้อน** มาก.
8. หลังจากนั้นเราไปหาที่พักที่ **ทะเลสงบ** หรือ **ป่า** ดี?
9. **ป่า** ดีกว่า, มันจะ **เย็น** และ **ชื้น**.

✤ En thaï, les tons changent le sens des mots, donc "mai" peut signifier "nouveau" ou "ne pas" selon le ton.

1. **Phayu heriken** kamlang ma, fa pha sunyakarn kha.
2. Chai, chan dai yin **siang fa rong** meuakheun.
3. Khun khid wa ja mi **phaendinwai** mai?
4. Mai naenon, tae **phayu tornado** ko pen pai dai.
5. Chan wang wa **phukhao fai** klai **hubkhao** ja mai rabued.
6. Rao khuan su khong thi **ran khai khongcham** lae triam **takrata**.
7. Chai, pai thi **kauntex chai ngern** kon thi akat ja **ron** mak.
8. Langjaknan rao pai ha thi phak thi **thalai song** rue **pa** di?
9. **Pa** di kwa, man ja **yen** lae **chum**.

JOUR N°47 : CATASTROPHES ET GÉOGRAPHIE

1. **L'ouragan** approche, la foudre frappe le centre commercial.
2. Oui, j'ai entendu **le tonnerre** hier soir.
3. Pensez-vous qu'il y aura un **tremblement de terre** ?
4. Pas sûr, mais une **tornade** est également possible.
5. J'espère que le **volcan** près de la **vallée** n'entrera pas en éruption.
6. Nous devrions acheter des provisions au **magasin d'alimentation** et préparer un **panier**.
7. Oui, allons au **comptoir de paiement** avant que le temps ne devienne trop **chaud**.
8. Après cela, devrions-nous chercher un abri près de la **mer calme** ou dans la **forêt** ?
9. La **forêt** est préférable, elle sera **fraîche** et **humide**.

✤ En Thaïlande, la légende de Phra Mae Thorani raconte comment la déesse de la Terre a créé un déluge pour vaincre un démon menaçant Bouddha.

วันที่ 48: สี

1. สีที่ชอบคืออะไร?
2. ฉันชอบสี**เขียว**.
3. แล้วสีที่ไม่ชอบล่ะ?
4. ฉันไม่ชอบสี**ดำ**เท่าไหร่.
5. ทำไมล่ะ?
6. เพราะมันทำให้ฉันรู้สึกเศร้า.
7. ฉันเข้าใจแล้ว. ฉันชอบสี**น้ำเงิน**.
8. สี**น้ำเงิน**สวยดีนะ.
9. ใช่, มันทำให้ฉันรู้สึกสงบ.

✤ En thaï, les mots désignant les couleurs s'adaptent en ton selon leur signification précise.

1. si thi chob khue arai?
2. chan chob si **khiao**.
3. laew si thi mai chob la?
4. chan mai chob si **dam** thao rai.
5. tham mai la?
6. phro man tham hai chan ru suek sa.
7. chan khao chai laew. chan chob si **nam ngern**.
8. si **nam ngern** suay di na.
9. chai, man tham hai chan ru suek song.

JOUR N°48 : COULEURS

1. Quelle est ta couleur préférée ?
2. J'aime le **vert**.
3. Et la couleur que tu n'aimes pas ?
4. Je n'aime pas trop le **noir**.
5. Pourquoi ?
6. Parce que ça me rend triste.
7. Je comprends. Moi, j'aime le **bleu**.
8. Le **bleu** est joli, n'est-ce pas ?
9. Oui, ça me fait sentir calme.

♣ En Thaïlande, le festival Songkran célèbre le Nouvel An bouddhiste avec des batailles d'eau colorées dans tout le pays.

วันที่ 49: เทคโนโลยี I

1. ฉันควรใช้ **อินเทอร์เน็ต** บน **สมาร์ทโฟน** หรือ **คอมพิวเตอร์** ดี?
2. ถ้าอยู่นอกบ้าน, ใช้ **สมาร์ทโฟน** สะดวกกว่า. แต่ถ้าทำงาน, **คอมพิวเตอร์** หรือ **แล็ปท็อป** ดีกว่า.
3. ฉันชอบส่ง **อีเมล** ผ่าน **แล็ปท็อป**. แต่ต้องเชื่อมต่อ **ไวไฟ** ก่อน.
4. ใช่, และฉันชอบเล่น **โซเชียลเน็ตเวิร์ก** บน **สมาร์ทโฟน**.
5. ฉันต้องการ **ดาวน์โหลด แอปพลิเคชัน** ใหม่. แนะนำใช้ **เบราว์เซอร์** อะไร?
6. ลองใช้ Google Chrome หรือ Safari.

✤ En thaï, l'accent tonique peut changer le sens d'un mot, donc il est crucial de le placer correctement.

1. Chan khuan chai **inthernet** bon **smartphone** rue **computer** di?
2. Tha yu nok ban, chai **smartphone** saduak kwa. Tae tha tham ngan, **computer** rue **laptop** di kwa.
3. Chan chop song **email** phan **laptop**. Tae tong chueam to **wifi** kon.
4. Chai, lae chan chop len **social network** bon **smartphone**.
5. Chan tong kan **download application mai. Nae nam chai browser** arai?
6. Long chai Google Chrome rue Safari.

JOUR N°49 : TECHNOLOGIE I

1. Je devrais utiliser **internet** sur un **smartphone** ou un **ordinateur** ?
2. Si tu es à l'extérieur, utiliser un **smartphone** est plus pratique. Mais si tu travailles, un **ordinateur** ou un **laptop** est préférable.
3. J'aime envoyer des **emails** via mon **laptop**. Mais il faut se connecter au **Wi-Fi** d'abord.
4. Oui, et j'aime naviguer sur les **réseaux sociaux** sur mon **smartphone**.
5. Je veux **télécharger** une nouvelle **application**. Quel **navigateur** me recommandes-tu ?
6. Essaie Google Chrome ou Safari.

✤ En Thaïlande, le premier journal a été publié en 1844, sous le règne du roi Rama III, marquant le début de la presse écrite dans le pays.

วันที่ 50: เทคโนโลยี II

1. **วันนี้** วันอะไร?
2. วันพุธครับ.
3. คุณดูข่าวบน**โทรทัศน์**หรือ**วิทยุ**?
4. ผมดูบน**โทรทัศน์**ครับ แต่ใช้**รีโมท**หาช่องไม่เจอ.
5. คุณลองตรวจสอบ**รหัสผ่าน**ของ**อินเทอร์เน็ต**หรือยัง?
6. ยังครับ, ผมลืม**ชื่อผู้ใช้**และ**รหัสผ่าน**.
7. ถ้างั้น ลองส่ง**อีเมล**ขอความช่วยเหลือไหม?
8. ดีครับ, ผมจะใช้**คอมพิวเตอร์**ส่งเลย.
9. อย่าลืมตรวจสอบ**หน้าจอ**และ**เครื่องพิมพ์**นะครับ อาจจะต้องพิมพ์ข้อมูล.

✤ En thaï, l'accent écrit change le ton d'un mot, ce qui peut en modifier le sens.

1. **wan-níi** wan à-rai?
2. wan phút khráp.
3. khun duu **khào** bon tho-rá-thát rŭe **wít-thá-yú**?
4. phŏm duu bon **tho-rá-thát** khráp, tàe chái **rí-mot** hăa **chôrng** mâi juue.
5. khun long dtrùat-sòp **rá-hàt-săn** khŏng **in-thêe-net** rŭe yang?
6. yang khráp, phŏm lŭem **chûe phûu-chái** láe **rá-hàt-săn**.
7. thâa ngán, long sòng **ii-meeen** khor khwām chûay hĕlăi măi?
8. dii khráp, phŏm jà chái **khom-phíu-dtêr** sòng loei.
9. yàa lŭem dtrùat-sòp **nâa jor** láe **krêuang phim** ná khráp, àat jà dtông phim khŏm-mun.

JOUR N°50 : TECHNOLOGIE II

1. **Aujourd'hui**, c'est quel jour ?
2. C'est mercredi.
3. Vous regardez les **nouvelles** à la **télévision** ou à la **radio** ?
4. Je regarde à la **télévision**, mais je n'arrive pas à trouver la **chaîne** avec la **télécommande**.
5. Avez-vous vérifié le **mot de passe** de l'**internet** ?
6. Pas encore, j'ai oublié le **nom d'utilisateur** et le **mot de passe**.
7. Dans ce cas, pourquoi ne pas envoyer un **e-mail** pour demander de l'aide ?
8. Bonne idée, je vais utiliser l'**ordinateur** pour l'envoyer tout de suite.
9. N'oubliez pas de vérifier l'**écran** et l'**imprimante**, vous pourriez avoir à imprimer des informations.

✣ En Thaïlande, un café est devenu célèbre grâce à Instagram pour ses boissons colorées et son décor de conte de fées, attirant des visiteurs du monde entier.

DÉFI N°5

ÉCOUTEZ UN PODCAST EN THAÏ ET RÉSUMEZ-LE, À L'ÉCRIT OU ORALEMENT.

Citation : ความอยากรู้อยากเห็นนำไปสู่การค้นพบ
La curiosité mène à la découverte.

วันที่ 51: สัตว์

1. คุณชอบ**สัตว์**ชนิดไหน?
2. ฉันชอบ**นก**และ**ปลา**.
3. แล้วคุณล่ะ?
4. ฉันชอบ**แมว**กับ**หมา**มาก.
5. คุณมี**ม้า**หรือ**วัว**ที่บ้านไหม?
6. ไม่มีเลย, แต่ฉันมี**หมู**สองตัว.
7. สนุกไหม?
8. ใช่, แต่ต้องดูแล**หมู**และ**ไก่**ด้วย.

❖ En thaï, pour lier un nom et un adjectif, on place l'adjectif après le nom sans mot de liaison.

1. kun chawp **sat** chanit nai?
2. chan chawp **nok** lae **pla**.
3. laew kun la?
4. chan chawp **maew** gap **ma** mak.
5. kun mi **ma** rue **wua** thi ban mai?
6. mai mi loei, tae chan mi **mu** sawng tua.
7. sanuk mai?
8. chai, tae tong du lae **mu** lae **kai** duay.

JOUR N°51 : ANIMAUX

1. Tu aimes quel type d'**animaux** ?
2. J'aime les **oiseaux** et les **poissons**.
3. Et toi ?
4. J'adore les **chats** et les **chiens**.
5. Tu as des **chevaux** ou des **vaches** chez toi ?
6. Pas du tout, mais j'ai deux **cochons**.
7. C'est amusant ?
8. Oui, mais il faut s'occuper des **cochons** et des **poules** aussi.

✤ En Thaïlande, le Garuda, créature mi-homme mi-oiseau, est un symbole national et royal puissant, représentant l'autorité et la loyauté.

วันที่ 52: พืชและธรรมชาติ

1. วันนี้เราจะไปป่าไหม?
2. อยากไปดู**ต้นไม้**และ**ดอกไม้**ในป่าดงดิบมากๆ
3. ใช่, และเราอาจจะเห็นนกกับปลาในแม่น้ำด้วย
4. ฉันหวังว่าจะเห็น**หญ้า**และ**ใบไม้**สวยๆ ทำให้รู้สึก**ผ่อนคลาย**
5. หลังจากนั้นเราจะไปภูเขาหรือมหาสมุทรไหม?
6. ไป**ภูเขา**ดีกว่า ฉันอยากอยู่กับธรรมชาติและรู้สึก**ร่าเริง**
7. ตกลง, วันนี้จะเป็นวันที่ดีที่สุดในการสัมผัสกับ**พืช**และธรรมชาติ
8. ใช่, ฉันรู้สึก**สุขใจ**ที่ได้ออกไปข้างนอกและห่างไกลจากอินเทอร์เน็ต
9. วันนี้จะเป็นวันที่ดีที่สุด!

❖ En thaï, l'élision se produit souvent avec le mot "หญ้า" (herbe) dans des phrases courtes, par exemple, "หญ้าสูง" (l'herbe est haute) peut se prononcer "หญาสูง".

1. Wan-nii rao ja pai **pa** mai?
2. Yak pai du **ton-mai** lae **dok-mai** nai **pa-dong-dip** mak-mak
3. Chai, lae rao aht ja hen **nok** gap **pla** nai **mae-nam** duay
4. Chan wang wa ja hen **ya** lae **bai-mai** suay-suay tham hai ru-seuk **phon-klai**
5. Lang jaak nan rao ja pai **phu-khao** rue **maha-samut** mai?
6. Pai **phu-khao** dee kwa chan yak yu gap tham-ma-chat lae ru-seuk **ra-reung**
7. Tok-long, wan-nii ja pen wan thi di thi sut nai kan sam-phat gap **phet** lae tham-ma-chat
8. Chai, chan ru-seuk **suk-jai** thi dai ok pai kang nok lae hang klai jak internet
9. Wan-nii ja pen wan thi di thi sut!

JOUR N°52 : PLANTES ET NATURE

1. Aujourd'hui, allons-nous **forêt** ?
2. Je veux vraiment voir les **arbres** et les **fleurs** dans la **forêt vierge**.
3. Oui, et nous pourrions aussi voir des **oiseaux** et des **poissons** dans la **rivière**.
4. J'espère voir de l'**herbe** et des **feuilles** magnifiques pour me sentir **détendu**.
5. Après cela, irons-nous à la **montagne** ou à l'**océan** ?
6. Allons à la **montagne**, je veux être avec la nature et me sentir **joyeux**.
7. D'accord, aujourd'hui sera le meilleur jour pour être en contact avec les **plantes** et la nature.
8. Oui, je me sens **heureux** de sortir et d'être loin d'Internet.
9. Aujourd'hui sera le meilleur jour !

✤ En Thaïlande, le basilic sacré, connu sous le nom de "Tulsi", est utilisé depuis des siècles en médecine traditionnelle pour ses propriétés curatives et purifiantes.

วันที่ 53: ตัวเลข 31-40

1. วันนี้เรามี **สามสิบเอ็ด** ต้นไม้ในสวน.
2. แล้วดอกไม้ล่ะ?
3. มี **สามสิบสอง** ดอก.
4. หญ้านับไม่ได้เลย, แต่ใบไม้มี **สามสิบสาม** ใบ.
5. เย็นนี้ดูโทรทัศน์กันไหม?
6. ดี, มีข่าวอะไรบ้างในช่อง **สามสิบสี่**?
7. ไม่แน่ใจ, ใช้รีโมทหาดูสิ. รีโมทอยู่ทางซ้ายหรือขวา?
8. อยู่ทางขวา. แต่ฉันรู้สึกวิตกกังวลเรื่องข่าว.
9. ไม่ต้องกลัว, เราจะดู **สามสิบห้า** ช่อง, มีหนังสนุกๆ ดู.

✤ En thaï, pour former les nombres de 31 à 39, on contracte "สามสิบ" (trente) en "สามสิบเอ็ด" pour 31, puis on ajoute les chiffres de 2 à 9 pour les nombres suivants.

1. Wan nii rao mi **sam sip et** ton mai nai suan.
2. Laeo dok mai la?
3. Mi **sam sip song** dok.
4. Ya nap mai dai loei, tae bai mai mi **sam sip sam** bai.
5. Yen nii du toratat gan mai?
6. Di, mi khao arai bang nai chong **sam sip si**?
7. Mai nae jai, chai ri mot ha du si. Ri mot yu thang sai rue khwa?
8. Yu thang khwa. Tae chan ru seuk witok kang won ruang khao.
9. Mai tong klua, rao ja du **sam sip ha** chong, mi nang sanuk du.

JOUR N°53 : NOMBRES 31-40

1. Aujourd'hui, nous avons **trente-et-un** arbres dans le jardin.
2. Et les fleurs alors ?
3. Il y a **trente-deux** fleurs.
4. L'herbe est incalculable, mais il y a **trente-trois** feuilles.
5. On regarde la télé ce soir ?
6. Oui, qu'est-ce qu'il y a de nouveau sur la chaîne **trente-quatre** ?
7. Pas sûr, essaie de chercher avec la télécommande. La télécommande est à gauche ou à droite ?
8. Elle est à droite. Mais je suis un peu inquiet à propos des nouvelles.
9. Ne t'inquiète pas, nous allons regarder **trente-cinq** chaînes, il y a des films amusants à voir.

✤ En Thaïlande, le nombre 9 est considéré comme porte-bonheur, ce qui se reflète dans l'architecture, comme le fait que le Wat Phra Kaew à Bangkok possède 9 tours.

วันที่ 54: ดนตรีและความบันเทิง

1. คืนนี้เธออยากไปดู**คอนเสิร์ต**หรือไปดู**ภาพยนตร์**ที่โรงละคร?
2. ฉันอยากไปดู**คอนเสิร์ต**มากกว่า เพราะฉันชอบฟัง**เพลง**และชอบดู**นักร้อง**กับวง**ดนตรี**เล่น.
3. ใช่ ฉันก็ชอบ**เพลง**จาก**วิทยุ**แต่การได้เห็นการ**เล่น**สดๆ ที่**คอนเสิร์ต**น่าตื่นเต้นกว่าเยอะ.
4. แล้วเธอชอบ**การเต้น**ไหม? บางทีในคอนเสิร์ตอาจมีการแสดง**การเต้น**ที่สนุกสนาน.
5. ชอบสิ! การดู**การเต้น**ทำให้ฉันรู้สึกมีพลังและอยากเต้นตาม.

✣ En thaï, le mot "**เพลง**" (chanson) peut être précédé du déterminant "**เพลงนี้**" (cette chanson) pour parler d'une chanson spécifique.

1. Kheun nii thoe yak pai duu **khonsert** rue pai duu **phapayon** thi **rong lakhon**?
2. Chan yak pai duu **khonsert** mak kwa phro chan chop fang **pleng** lae chop duu **nak rong** gap **wong dontri** len.
3. Chai, chan kop chop **pleng** ja **witthayu** tae kan dai hen kan **len** sot sot thi **khonsert** na theun ten kwa yeo.
4. Laeo thoe chop **kan ten** mai? Bang thi nai **khonsert** aht mi kan aedng **kan ten** thi sanuk sanan.
5. Chop si! Kan duu **kan ten** tham hai chan ru seuk mee phalang lae yak ten tam.

JOUR N°54 : MUSIQUE ET DIVERTISSEMENT

1. Ce soir, tu veux aller voir un **concert** ou un **film** au **théâtre** ?
2. Je préfère aller voir un **concert** parce que j'aime écouter de la **musique** et regarder les **chanteurs** et les **groupes** jouer.
3. Oui, j'aime aussi la **musique** de la **radio** mais voir une performance en direct à un **concert** est bien plus excitant.
4. Et tu aimes la **danse** ? Peut-être qu'au **concert**, il y aura des performances de **danse** amusantes.
5. Bien sûr ! Regarder la **danse** me donne de l'énergie et me donne envie de danser moi-même.

✤ En Thaïlande, le "Ranat Ek" est un xylophone traditionnel en bois ou en bambou, joué lors des cérémonies royales et des spectacles de musique classique.

วันที่ 55: การเดินทางและการขนส่ง ภาค 3

1. ไปสนามบินยังไงดี?
2. นั่งรถไฟไปสถานีรถไฟแล้วต่อแท็กซี่.
3. ถ้าไปท่าเรือล่ะ?
4. ก็ได้, นั่งรถบัสไปท่าเรือเลย.
5. **รถยนต์**สะดวกกว่าไหม?
6. สะดวกแหละ แต่จะติด**จราจร**บนถนน.
7. แล้วเรือล่ะ?
8. **เรือ**ดีถ้าไปเกาะ.

✤ En thaï, pour quantifier un moyen de transport, on utilise le mot "คัน" (kan) devant le nom, par exemple "1 คัน รถ" (1 kan rot) signifie "une voiture".

1. pai **sanambin** yang ngai di?
2. nang **rotfai** pai **sathani rotfai** laew to **taeksi**.
3. tha pai **tharuea** la?
4. ko dai, nang **rotbas** pai **tharuea** loei.
5. **rotyon** saduak kwa mai?
6. saduak lae tae ja tit **jarajon** bon thanon.
7. laew **ruea** la?
8. **ruea** di tha pai ko.

JOUR N°55 : VOYAGE ET TRANSPORT III

1. Comment aller à l'**aéroport** ?
2. Prends le **train** jusqu'à la **gare**, puis un **taxi**.
3. Et pour aller au **port** ?
4. Ça marche aussi, prends le **bus** directement au **port**.
5. La **voiture** est-elle plus pratique ?
6. C'est pratique, mais il y aura des embouteillages sur la route.
7. Et le **bateau** ?
8. Le **bateau** est bien si tu vas sur une île.

✤ En Thaïlande, le roi Rama I, fondateur de la dynastie Chakri, était un pionnier qui a établi Bangkok comme capitale en 1782.

วันที่ 56: ช้อปปิ้ง ครั้งที่สอง

1. วันนี้เราจะไปศูนย์การค้ากันไหม?
2. อยากไปซูเปอร์มาร์เก็ตหรือร้านขายของชำ?
3. ฉันอยากซื้อเสื้อผ้าและเสื้อแจ็คเก็ต.
4. ดูเครื่องประดับด้วยไหม? อย่างสร้อยคอหรือต่างหู.
5. ใช่, ฉันหวังว่าจะมีลดราคา.
6. ถ้าเราซื้อหลายอย่าง เราอาจได้ส่วนลดเพิ่ม.
7. นั่นดีมาก! เราไปกันเลย.

✤ En thaï, pour indiquer la possession, on ajoute "ของ" (khǒng) avant le possesseur, par exemple "กระเป๋าของฉัน" signifie "mon sac".

1. Wan-nii rao ja pai **sunyakaan kha** kan mai?
2. Yak pai **supermarket** rue **ran khai khong cham**?
3. Chan yak sue **suea pha** lae **suea jacket**.
4. Du **khrueang pradap** duay mai? Yang **soi khor** rue **taang huu**.
5. Chai, chan wang wa ja mi **lot raakha**.
6. Tha rao sue lai yang rao aht dai **suan lot** phuem.
7. Nan dii mak! Rao pai kan loei.

JOUR N°56 : SHOPPING II

1. Aujourd'hui, on va au **centre commercial** ensemble ?
2. Tu veux aller au **supermarché** ou à **l'épicerie** ?
3. Je veux acheter des **vêtements** et un **blouson**.
4. On regarde les **bijoux** aussi ? Comme des **colliers** ou des **boucles d'oreilles**.
5. Oui, j'espère qu'il y aura des **réductions**.
6. Si on achète plusieurs choses, on pourrait avoir une **remise** supplémentaire.
7. C'est génial ! Allons-y.

✤ En Thaïlande, le marché aux puces de Chatuchak à Bangkok est l'un des plus grands marchés du monde, s'étendant sur 35 acres avec plus de 15 000 stands.

วันที่ 57: ร่างกายและสุขภาพ 2

1. เมื่อวานนี้ฉันไปศูนย์การค้า แล้วเจ็บ**หลัง**จากหิ้วของหนักๆ
2. จริงเหรอ? ฉันก็เจ็บ**แขน**เพราะยกของเยอะเหมือนกัน
3. แล้วเธอทำอย่างไรบ้าง?
4. ฉันพักและนวด**เท้า** ช่วยได้เยอะเลย
5. ฉันควรจะลองดูบ้าง แต่ฉันยังเจ็บ**หัว**จากเสียงดังในคอนเสิร์ตเมื่อคืน
6. อ๋อ ฉันเข้าใจ คอนเสิร์ตวงดนตรีนั้นดังมาก
7. ใช่ แล้วฉันยังไม่ได้กินอะไรเลย อยากกิน**เนื้อสัตว์**กับ**ผัก**
8. ดีจัง ฉันก็หิวแล้ว ไปซูเปอร์มาร์เก็ตกันไหม?
9. ไปสิ!

✤ En thaï, pour dire "ce" ou "cette" en parlant d'une partie du corps ou d'un aspect de la santé, on utilise "นี้" (nîi) avant le nom.

1. Muea wan nii chan pai sunyakaan kha laew jep **lang** jak hiu khong nak nak
2. Ching ro? Chan gor jep **khaen** phro yak khong yoe meu gan
3. Laeo thoe tham yang rai bang?
4. Chan phak lae nuat **thao** chuay dai yoe leo
5. Chan khuan ja long du bang tae chan yang jep **hua** jak siang dang nai kon siot meu khuen
6. Oh chan khao jai kon siot wong dontri nan dang mak
7. Chai laeo chan yang mai dai gin arai loei yak gin **nuea sat** kap **phak**
8. Di jang chan gor hiew laeo pai su pha maket kan mai?
9. Pai si!

JOUR N°57 : CORPS ET SANTÉ II

1. Hier, je suis allé au centre commercial et ensuite j'ai eu mal au **dos** à cause de porter des choses lourdes.
2. Vraiment ? Moi aussi, j'ai mal au **bras** parce que j'ai porté beaucoup de choses.
3. Et qu'as-tu fait ?
4. Je me suis reposé et j'ai massé mes **pieds**. Ça a beaucoup aidé.
5. Je devrais essayer ça aussi, mais j'ai encore mal à la **tête** à cause du bruit du concert hier soir.
6. Ah, je comprends. Le concert de ce groupe était très bruyant.
7. Oui, et je n'ai encore rien mangé. J'ai envie de **viande** et de **légumes**.
8. C'est super, j'ai faim aussi. On va au supermarché ensemble ?
9. Allons-y !

✤ En Thaïlande, le massage traditionnel thaï, reconnu par l'UNESCO, est une pratique médicinale ancienne visant à harmoniser le corps et l'esprit.

วันที่ 58: อาชีพและการทำงาน ตอนที่ 1

1. สวัสดีครับ คุณเป็น**หมอ**หรือ**ทันตแพทย์**ครับ?
2. ผมเป็น**ทันตแพทย์**ครับ และคุณล่ะ?
3. ผมเป็น**เชฟ**ครับ ชอบทำอาหาร เช่น ไก่พริกไทยดำเนย
4. น่าสนใจมากครับ ผมชอบกินอาหารที่มีชีส
5. คุณมีเพื่อนที่เป็น**นักเขียน**หรือ**นักแสดง**ไหมครับ?
6. มีครับ เพื่อนผมเป็น**นักเขียน** เขาชอบเดินทางโดยรถไฟ
7. ผมชอบเดินทางโดย**รถยนต์แดง**ครับ สะดวกดี
8. ผมก็ชอบครับ แต่บางครั้งก็นั่ง**รถบัส**ไปทำงาน
9. ดีจังครับ การเดินทางที่หลากหลายช่วยให้ชีวิตไม่น่าเบื่อนะครับ

❖ En thaï, pour indiquer la profession, on utilise souvent la structure "เป็น" (être) suivie du nom de la profession sans article.

1. sawasdee khrap khun pen **mor** rue **tantapat** khrap?
2. phom pen **tantapat** khrap lae khun la?
3. phom pen **chef** khrap chop tham ahan chen kai prik thai dam noei
4. na san jai mak khrap phom chop kin ahan thi mi cheese
5. khun mi phuean thi pen **nak khian** rue **nak sadeng** mai khrap?
6. mi khrap phuean phom pen **nak khian** khao chop dern tang doy rot fai
7. phom chop dern tang doy **rot yon daeng** khrap saduak di
8. phom ko chop khrap tae bang krang ko nang **rot bas** pai tam ngan
9. di jang khrap kan dern tang thi lak lai chuay hai chiwit mai na boe na khrap

JOUR N°58 : PROFESSIONS ET TRAVAIL I

1. Bonjour, êtes-vous **médecin** ou **dentiste** ?
2. Je suis **dentiste**. Et vous ?
3. Je suis **chef**, j'aime cuisiner, comme du poulet au poivre noir et au beurre.
4. C'est très intéressant. J'aime manger des plats qui contiennent du fromage.
5. Avez-vous un ami qui est **écrivain** ou **acteur** ?
6. Oui, mon ami est **écrivain**. Il aime voyager en train.
7. Je préfère voyager en **voiture rouge**, c'est pratique.
8. Moi aussi, j'aime bien, mais parfois je prends le **bus** pour aller au travail.
9. C'est génial. Avoir plusieurs moyens de transport rend la vie moins monotone.

✦ En Thaïlande, les artisans de Ban Chiang pratiquent la poterie depuis plus de 5 000 ans, témoignant d'un des plus anciens métiers traditionnels au monde.

วันที่ 59: อุปกรณ์ในบ้าน ชุดที่ 2

1. ดู **โซฟา** ใหม่ของฉันสิ
2. สวยมาก! แล้วนี่ **เตาอบ** ใหม่ด้วยหรือเปล่า?
3. ใช่, ฉันซื้อมาพร้อมกับ **ตู้เย็น** ใหม่ด้วย
4. โอ้, แล้ว **โคมไฟ** นั่นล่ะ?
5. ฉันได้มาจากร้านขายของชำ และนี่ **โต๊ะ** กับ **เก้าอี้** ใหม่
6. ห้องนอนมี **เตียง** ใหม่ไหม?
7. มีสิ, และฉันยังเปลี่ยน **หน้าต่าง** และ **ประตู** ใหม่ด้วย
8. ว้าว, บ้านของเธอดูดีมากเลย
9. ขอบคุณมาก! ฉันยังคิดจะซื้อ **นาฬิกา** ใหม่อีกด้วย

❖ En thaï, pour indiquer un objet indéfini, on n'utilise pas d'article, on mentionne simplement le nom de l'objet.

1. duu **sofa** mai khaong chan si
2. suai maak! laew nii **tao op** mai duay rue plao?
3. chai, chan seu maa phrom kab **tuu yen** mai duay
4. oh, laew **khom fai** nan la?
5. chan dai maa jaak raan khaai khaong cham lae nii **dto** kab **gao i** mai
6. hong non mii **tiang** mai mai?
7. mii si, lae chan yang plian **naa taang** lae **pratu** mai duay
8. waaw, baan khaong thoe duu dii maak loei
9. khob khun maak! chan yang khit ja seu **nalikaa** mai eek duay

JOUR N°59 : ARTICLES MÉNAGERS II

1. Regarde mon nouveau **canapé**.
2. Il est très beau ! Et ça, c'est un nouveau **four** aussi ?
3. Oui, je l'ai acheté en même temps qu'un nouveau **réfrigérateur**.
4. Oh, et cette **lampe** là ?
5. Je l'ai trouvée dans une épicerie, et voici une nouvelle **table** et des **chaises**.
6. La chambre a un nouveau **lit** ?
7. Oui, et j'ai aussi changé les **fenêtres** et la **porte**.
8. Wow, ta maison est vraiment belle.
9. Merci beaucoup ! Je pense aussi à acheter une nouvelle **horloge**.

✤ En Thaïlande, le "Red Bull", la célèbre boisson énergisante, a été initialement inventée dans les années 1970 pour augmenter la concentration et l'endurance des conducteurs de camions.

วันที่ 60: การวัดและขนาด

1. ขนาดของโต๊ะหลังนี้เท่าไหร่คะ?
2. ความยาวประมาณ 150 เซนติเมตร, ความกว้าง 75 เซนติเมตร และ ความสูง 90 เซนติเมตร ครับ.
3. แล้วน้ำหนักล่ะคะ?
4. ประมาณ 20 กิโลกรัม ครับ.
5. โอเคค่ะ, ตู้เย็นขนาดเท่าไหร่บ้าง?
6. ความสูง 180 เซนติเมตร, ความกว้าง 70 เซนติเมตร ครับ.
7. มีรูปร่างสวยไหมคะ?
8. ใช่ครับ, มันมีรูปร่างทันสมัยและสวยงามมากครับ.
9. ขอบคุณค่ะ, ฉันจะพิจารณาซื้อ.

✤ En thaï, pour former le participe présent, on utilise souvent "กำลัง" suivi du verbe pour indiquer une action en cours, par exemple "กำลังวัด" signifie "en train de mesurer".

1. **khanad** khong to lăng née thâo rài khá?
2. **khwaam yaao** pràmaan 150 **sen tí meet**, **khwaam kwâang** 75 **sen tí meet** láe **khwaam sǔng** 90 **sen tí meet** kráp.
3. láew **nám nàk** là khá?
4. pràmaan 20 **gì lò gram** kráp.
5. o:khê khâ, tûu yen **khanad** thâo rài bâng?
6. **khwaam sǔng** 180 **sen tí meet**, **khwaam kwâang** 70 **sen tí meet** kráp.
7. mêe **rûp râng** sǔay mǎi khá?
8. châi kráp, man mêe **rûp râng** than sà mâi láe sǔay ngaam mâak kráp.
9. khòp khun khâ, chǎn jà pí jaan sêu.

JOUR N°60 : MESURES ET TAILLE

1. **Quelles sont les dimensions** de cette table, s'il vous plaît ?
2. **La longueur** est d'environ 150 **centimètres, la largeur de 75 centimètres et la hauteur** de 90 **centimètres**.
3. Et **le poids**, alors ?
4. Environ 20 **kilogrammes**.
5. D'accord, et quelles sont les dimensions du réfrigérateur ?
6. **La hauteur** est de 180 **centimètres, la largeur** de 70 **centimètres**.
7. Est-il **beau** ?
8. Oui, il a une **forme** moderne et très belle.
9. Merci, je vais y réfléchir pour l'achat.

✢ En Thaïlande, la longueur était traditionnellement mesurée en "sok", équivalent à la distance entre les coudes d'une personne les bras ouverts.

DÉFI N°6

ENREGISTREZ UN COURT AUDIO OÙ VOUS PARLEZ DE VOS PROGRÈS EN THAÏ.

ความแตกต่างทางวัฒนธรรมคือสิ่งที่ทำให้โลกน่าสนใจ
Les différences culturelles rendent le monde intéressant.

วันที่ 61: อาหารและโภชนาการ 2

1. วันนี้เราจะกินอะไรดี?
2. ฉันอยากกิน**พาสต้า**กับ**เนื้อวัวและชีส**.
3. ดีมาก! ฉันจะใส่**เนยและพริกไทย**ด้วยนะ.
4. แล้วของหวานล่ะ? มีอะไรบ้าง?
5. **มีไอศกรีม**. อยากกินไหม?
6. อยากสิ! แต่ฉันอยากกิน**ข้าว**กับ**หมู**ด้วยได้ไหม?
7. ได้สิ. ฉันจะทำให้.
8. แล้ว**ขนมปัง**ล่ะ? มีไหม?
9. มี, ฉันจะทำ**ขนมปัง**กับ**ไก่**ให้.

✤ En thaï, le participe passé n'existe pas ; on utilise des verbes d'action simples pour décrire des actions passées, souvent avec des marqueurs de temps.

1. Wan nii rao ja gin arai di?
2. Chan yak gin **pas-ta** kap **nuea wua** lae **chis**.
3. Di mak! Chan ja sai **noei** lae **phrik thai** duay na.
4. Laeo khong wan la? Mi arai bang?
5. Mi **ai-sa-khrim**. Yak gin mai?
6. Yak si! Tae chan yak gin **khao** kap **mu** duay dai mai?
7. Dai si. Chan ja tam hai.
8. Laeo **khanom pang** la? Mi mai?
9. Mi, chan ja tam **khanom pang** kap **kai** hai.

JOUR N°61 : NOURRITURE ET ALIMENTATION II

1. Qu'est-ce qu'on mange aujourd'hui ?
2. Je veux manger des **pâtes** avec du **bœuf** et du **fromage**.
3. Super ! Je vais ajouter du **beurre** et du **poivre noir** aussi.
4. Et pour le dessert ? Qu'est-ce qu'il y a ?
5. Il y a de la **glace**. Tu en veux ?
6. Oui, j'en veux ! Mais je peux aussi avoir du **riz** avec du **porc** ?
7. Bien sûr. Je vais te le préparer.
8. Et le **pain** ? Il y en a ?
9. Oui, je vais te faire du **pain** avec du **poulet**.

✤ En Thaïlande, le Pad Thaï, plat national, a été promu dans les années 1930 par le gouvernement pour renforcer l'identité nationale et économiser le riz.

วันที่ 62: วันในสัปดาห์

1. **วันจันทร์** นี้เราจะไปโรงพยาบาลไหม?
2. ไม่, **วันพุธ** เราจะไป.
3. **วันอังคาร** นี้เราจะทำอะไร?
4. เราจะทำพาสต้าที่บ้าน. ฉันจะใช้เตาอบ.
5. แล้ว **วันพฤหัสบดี** ล่ะ?
6. เราจะไปซื้อต้นไม้และดอกไม้.
7. **วันศุกร์** เราจะพักผ่อนที่บ้าน.
8. ดีจัง! **วันเสาร์** และ **วันอาทิตย์** เราจะทำอะไร?
9. **สุดสัปดาห์** เราจะไปเดินเล่นในสวน, ดูต้นไม้และหญ้า.

✤ En thaï, pour former le gérondif, on utilise souvent "กำลัง" suivi du verbe pour indiquer une action en cours, par exemple "กำลังกิน" signifie "en train de manger".

1. **Wan jan** nii rao ja pai rong phaya baan mai?
2. Mai, **Wan phut** rao ja pai.
3. **Wan angkhaan** nii rao ja tham arai?
4. Rao ja tham pasta thi baan. Chan ja chai tao op.
5. Laeo **Wan phruehapsadi** la?
6. Rao ja pai sue ton mai lae dok mai.
7. **Wan suk** rao ja pak phon thi baan.
8. Di jang! **Wan sao** lae **Wan athit** rao ja tham arai?
9. **Sut sapdaah** rao ja pai doen len nai suan, du ton mai lae ya.

JOUR N°62 : JOURS DE LA SEMAINE 🌱

1. **Lundi**, allons-nous à l'hôpital ?
2. Non, **mercredi** nous irons.
3. **Mardi**, que ferons-nous ?
4. Nous ferons des pâtes à la maison. Je vais utiliser le four.
5. Et **jeudi** ?
6. Nous irons acheter des plantes et des fleurs.
7. **Vendredi**, nous nous reposerons à la maison.
8. Super ! **Samedi** et **dimanche**, que ferons-nous ?
9. **Le week-end**, nous irons nous promener dans le parc, regarder les arbres et l'herbe.

✤ En Thaïlande, la couleur de vêtement que l'on porte chaque jour est déterminée par l'astrologie et le jour de la semaine de naissance.

วันที่ 63: เวลาและฤดูกาล

1. วันนี้ร้อนมาก
2. ใช่, แต่**พรุ่งนี้**จะ**หนาว**หรือไม่?
3. ไม่แน่นอน, แต่**เช้านี้หนาว**นิดหน่อย
4. **เย็น**นี้จะออกไปไหนไหม?
5. อาจจะไปเดินเล่น ถ้าไม่**ร้อน**เกินไป
6. **คืนนี้เย็น**กว่าวันนี้หรือไม่?
7. คิดว่าน่าจะ**เย็น**กว่านะ เพราะเข้าสู่**ฤดูใบไม้ผลิ**
8. ดีจัง, ฉันชอบอากาศ**เย็น**ๆ
9. ใช่, **เย็น**และสบายดี

✤ En thaï, pour former l'infinitif, on ajoute souvent "การ" devant le verbe, comme dans "การกิน" pour "manger".

1. **wan-níi** rón mâak
2. châi, tàe **phrûng-níi** jà **năo** rĕu mâi?
3. mâi nâe non, tàe **cháo** níi **năo** nít nòi
4. **yen** níi jà òk pai năi măi?
5. àat jà pai dooen len, tâa mâi **rón** goen pai
6. **kheun** níi **yen** gwàa **wan-níi** rĕu mâi?
7. khít wâa nâa jà **yen** gwàa ná, phrór khâo sùu **rú-duu bài mâi plì**
8. dii jang, chăn chôp aagàat **yen** yén
9. châi, **yen** láe sabai dii

JOUR N°63 : TEMPS ET SAISONS

1. **Aujourd'hui** il fait très chaud.
2. Oui, mais **demain** sera-t-il **froid** ?
3. Pas sûr, mais ce **matin** il faisait un peu **froid**.
4. Ce **soir**, tu sors quelque part ?
5. Peut-être que je vais me promener si ce n'est pas trop **chaud**.
6. **Ce soir** sera-t-il plus **frais** que **aujourd'hui** ?
7. Je pense que oui, car nous entrons dans la **saison du printemps**.
8. C'est génial, j'aime bien le temps **frais**.
9. Oui, **frais** et confortable.

✤ En Thaïlande, la chanson "เพลงของฝน" (Pleng Khong Fon), qui signifie "Chanson de la pluie", célèbre la saison des pluies, essentielle à la culture et à la vie quotidienne.

วันที่ 64: ครอบครัว ภาค 2

1. **หลานชาย** วันนี้ **ป้า** ทำอะไรครับ?
2. **ป้า** วันนี้ป้าทำสปาเก็ตตี้ เนย และเนื้อวัวค่ะ.
3. **หลานสาว** พรุ่งนี้มีคอนเสิร์ต นักร้องที่เราชอบนะคะ.
4. **ลุง** วันพฤหัสบดีนี้ **ลูกพี่ลูกน้อง** กับ **คู่หมั้น** จะไปดูภาพยนตร์.
5. **หลานชาย** วันศุกร์ **เพื่อนร่วมงาน** จะมาบ้านเรา.
6. **หลานสาว** แล้ววันอังคารล่ะคะ?
7. **ลุง** วันอังคาร **น้า** จะทำพริกไทยไก่ครับ.

❖ En thaï, le radical d'un mot reste constant et on ajoute des préfixes ou suffixes pour changer le sens.

1. **Lan chai** wan nee **pa** tham arai krab?
2. **Pa** wan nee pa tham spaghetti noei lae nuea wua kha.
3. **Lan sao** phrung nee mee concert nak rong thi rao chop na kha.
4. **Lung** wan phruehasabdee nee **luk phi luk nong** gap **khu min** ja pai du phap yon.
5. **Lan chai** wan suk **phuean ruam ngan** ja ma ban rao.
6. **Lan sao** laew wan angkhan la kha?
7. **Lung** wan angkhan **na** ja tham prik thai gai krab.

JOUR N°64 : FAMILLE II

1. **Neveu** Aujourd'hui, **tante**, que fais-tu ?
2. **Tante** Aujourd'hui, je fais des spaghettis au beurre et au bœuf.
3. **Nièce** Demain, il y a un concert du chanteur que nous aimons.
4. **Oncle** Ce jeudi, **le cousin** et **la fiancée** iront voir un film.
5. **Neveu** Vendredi, **un collègue** viendra chez nous.
6. **Nièce** Et mardi alors ?
7. **Oncle** Mardi, **l'oncle** fera du poulet au poivre.

✤ En Thaïlande, les contes familiaux traditionnels sont souvent racontés par les anciens pour enseigner la morale et les valeurs culturelles aux jeunes générations.

วันที่ 65: ทิศทางและสถานที่ III

1. **ตรงไป** ที่สนามบิน หรือ **เลี้ยว ซ้าย** ไปรถไฟ?
2. **ขวา** ค่ะ, รถบัส **ใกล้** กว่า.
3. รถยนต์จอด **บน** หรือ **ล่าง**?
4. **ล่าง** ครับ, **ใกล้** ห้องน้ำ.
5. **หยุด** ที่โซฟา หรือ **ตรงไป** เตียง?
6. **ตรงไป** ค่ะ, เตียง **ไกล** จากโซฟา.
7. เก้าอี้อยู่ **ระหว่าง** โต๊ะกับห้องน้ำ?
8. ใช่ครับ, **ใกล้** โต๊ะมากกว่า.

❖ En thaï, pour indiquer la direction vers laquelle on se dirige, on utilise le mot "ไป" (pai) après le lieu.

1. **trong pai** thi sanam bin rue **lio sai** pai rot fai?
2. **kwa** kha, rot bas **klai** kwa.
3. rot yon jot **bon** rue **lang**?
4. **lang** khrap, **klai** hong nam.
5. **yut** thi sofa rue **trong pai** tiang?
6. **trong pai** kha, tiang **klai** ja sofa.
7. gao i yu **rawang** to ka hong nam?
8. chai khrap, **klai** to mak kwa.

JOUR N°65 : DIRECTIONS ET EMPLACEMENTS III

1. **Tout droit** vers l'aéroport ou **tourner** à **gauche** vers le train ?
2. **À droite**, madame, le bus est **plus proche**.
3. La voiture est-elle garée **en haut** ou **en bas** ?
4. **En bas, monsieur, près** des toilettes.
5. On s'arrête au canapé ou on va **tout droit** vers le lit ?
6. **Tout droit**, madame, le lit est **loin** du canapé.
7. La chaise est-elle **entre** la table et les toilettes ?
8. Oui, monsieur, **plus proche** de la table.

✤ En Thaïlande, le roman "Le Pont de la rivière Kwaï" de Pierre Boulle, bien que fictionnel, a grandement influencé la perception internationale de l'histoire de la construction du chemin de fer de la mort pendant la Seconde Guerre mondiale.

วันที่ 66: อารมณ์ ภาค 2

1. วันนี้ฉัน**ตื่นเต้น**มาก ไปศูนย์การค้ากันไหม?
2. ฉัน**กระวนกระวาย**นิดหน่อย แต่ก็อยากไป.
3. ฉัน**กังวล**ว่าจะมีคนเยอะไหมนะ.
4. ไม่ต้อง**วิตกกังวล**หรอก ฉันว่าน่าจะโอเค.
5. ฉันหวังว่าจะซื้อเสื้อแจ็คเก็ตได้ จะ**ภูมิใจ**มากๆ.
6. ถ้าไม่เจอล่ะ? จะ**โกรธ**ไหม?
7. ไม่หรอก ฉันจะพยายาม**ผ่อนคลาย**และไม่**เครียด**.
8. ดีมาก ฉันก็หวังว่าเราจะ**สุข**ใจกับการช้อปปิ้งวันนี้.
9. ใช่ แม้จะ**สับสน**บ้าง แต่ก็ตื่นเต้น.

✤ En thaï, pour exprimer une émotion passée, on utilise souvent "ได้" (dai) avant le verbe pour indiquer qu'une action a été réalisée.

1. wan-nii chan **teun-ten** mak pai suun-yaa khaa kan mai?
2. chan **kra-won kra-wai** nit noi tae ko yaak pai.
3. chan **kang-won** waa ja mee khon yoe mai na.
4. mai tong **wit-kok-kang-won** rok chan waa naa ja ok.
5. chan wang waa ja suea jacket dai ja **phum-jai** mak mak.
6. thaa mai jer la? ja **kroth** mai?
7. mai rok chan ja pha-yaa-yam **phon-klai** lae mai **kriat**.
8. di mak chan ko wang waa rao ja **suk-jai** gap kan shop-ping wan-nii.
9. chai mae ja **sap-son** bang tae ko teun-ten.

JOUR N°66 : ÉMOTIONS II

1. Aujourd'hui, je suis **tellement excité(e)**. On va au centre commercial ensemble ?
2. Je suis **un peu nerveux(se)**, mais j'ai quand même envie d'y aller.
3. Je **m'inquiète** s'il y aura beaucoup de monde.
4. Pas besoin de **s'inquiéter**. Je pense que ça ira.
5. J'espère pouvoir acheter une veste, je serais **très fier/fière**.
6. Et si on ne trouve pas ? Tu seras **fâché(e)** ?
7. Pas du tout, j'essaierai de **me détendre** et de ne pas **stresser**.
8. C'est parfait. J'espère aussi que nous **serons heureux** de faire du shopping aujourd'hui.
9. Oui, même si c'est **un peu confus**, je suis excité(e).

✤ En Thaïlande, les danses traditionnelles expriment des émotions complexes à travers des mouvements de mains très précis.

วันที่ 67: เทคโนโลยีและสื่อ

1. วันนี้เราใช้ **อินเทอร์เน็ต** ทำอะไรบ้าง?
2. ฉันใช้ **สมาร์ทโฟน** เล่น **โซเชียลเน็ตเวิร์ก** และดู **บล็อก** น่าสนใจ.
3. เธอเข้า **เว็บไซต์** ไหนดี?
4. ฉันชอบเข้า **เว็บไซต์** ที่มี **แอปพลิเคชัน** เรียนภาษา.
5. ใช้ **อีเมล** ติดต่องานบ่อยไหม?
6. ใช่, และฉันยังใช้ **ไวไฟ** เพื่อเชื่อมต่อ **ออนไลน์** ตลอดเวลา.
7. การเรียกดูด้วย **เบราว์เซอร์** สะดวกดีไหม?
8. สะดวกมาก, ฉันสามารถค้นหาข้อมูลได้ทุกที่ทุกเวลา.

✤ En thaï, pour former l'infinitif, on utilise souvent le mot "การ" (kan) devant un verbe, comme dans "การดู" (kan du) qui signifie "regarder".

1. wan-nii rao chai **in-thoe-net** tham a-rai bang?
2. chan chai **smaat-fohn** len **so-chial-net-werk** lae duu **blok** na-san-jai.
3. thoe khao **web-sai** nai di?
4. chan chop khao **web-sai** thi mi **aep-phli-khe-chun** rien pha-sa.
5. chai **i-mel** tit-tot ngan boi mai?
6. chai, lae chan yang chai **wai-fai** phuea chueam-to **on-lain** talot welaa.
7. kaan riiak-duu duay **brao-seo** sa-duak di mai?
8. sa-duak mak, chan samat khan ha khum-muem dai thuk thi thuk welaa.

JOUR N°67 : TECHNOLOGIE ET MÉDIAS

1. Aujourd'hui, qu'avons-nous fait avec **Internet** ?
2. J'ai utilisé mon **smartphone** pour naviguer sur les **réseaux sociaux** et regarder des **blogs** intéressants.
3. Quel **site web** recommandes-tu ?
4. J'aime visiter les **sites web** qui offrent des **applications** pour apprendre des langues.
5. Utilises-tu souvent l'**email** pour communiquer pour le travail ?
6. Oui, et j'utilise aussi le **Wi-Fi** pour rester connecté **en ligne** tout le temps.
7. Est-ce pratique de naviguer avec un **navigateur** ?
8. Très pratique, je peux rechercher des informations n'importe où et à tout moment.

✤ En Thaïlande, le premier journal a été publié en 1844, sous le règne du roi Rama III, marquant le début de la presse dans le pays.

วันที่ 68: การอ่านและศิลปะ

1. วันนี้เธออ่าน**หนังสือ**อะไรอยู่หรือเปล่า?
2. อ่าน**นวนิยาย**อยู่ครับ แล้วเธอล่ะ?
3. ฉันชอบ**กวีนิพนธ์**มาก แต่วันนี้ฉันกำลังฝึก**วาดรูป**อยู่.
4. น่าสนใจจัง! เธอชอบ**จิตรกรรม**หรือ**การถ่ายภาพ**มากกว่ากัน?
5. ฉันชอบ**การถ่ายภาพ**มากกว่า มันทำให้ฉันได้เก็บความทรงจำ.
6. ฉันเข้าใจ แต่ฉันชอบ**การร้องเพลง**มากกว่าทุกอย่าง.
7. นั่นก็ดีนะ การมีงานอดิเรกทำให้ชีวิตสนุกขึ้น.

✤ En thaï, le mode participe se forme souvent en ajoutant le mot "ที่" (thi) devant le verbe pour décrire une action en relation avec le sujet.

1. Wan nii thoe an **nangseu** arai yu rue plao?
2. An **nawniyai** yu khrap laeo thoe la?
3. Chan chob **kweenipon** mak tae wan nii chan kamlang feuk **wat ruup** yu.
4. Na saniang jang! Thoe chob **chitakam** rue **kan tai phap** mak kwa kan?
5. Chan chob **kan tai phap** mak kwa man tham hai chan dai kep kwam songjam.
6. Chan khao chai tae chan chob **kan rong pleng** mak kwa thuk yang.
7. Nan ko di na kan mi ngan adirek tham hai chiwit sanuk khuen.

JOUR N°68 : LECTURE ET ARTS

1. Aujourd'hui, tu lis un **livre** ou quelque chose ?
2. Je lis un **roman**. Et toi ?
3. J'aime beaucoup la **poésie**, mais aujourd'hui, je m'entraîne à **dessiner**.
4. C'est intéressant ! Tu préfères la **peinture** ou la **photographie** ?
5. Je préfère la **photographie**. Ça me permet de conserver des souvenirs.
6. Je comprends, mais je préfère **chanter** plus que tout.
7. C'est bien aussi. Avoir un hobby rend la vie plus amusante.

✤ Le Musée national de Bangkok, le plus grand musée de l'Asie du Sud-Est, abrite une collection exceptionnelle d'art thaïlandais et d'objets historiques.

วันที่ 69: การเดินทางและสถานที่ II

1. ฉันจะไป**สนามบิน** ควรเรียก**แท็กซี่**หรือไป**สถานีรถไฟ**ดี?
2. ถ้าเร่งด่วน แนะนำให้เรียก**แท็กซี่**เลย แต่ถ้ามีเวลา ไปสถานีรถไฟก็ดี
3. ถึงที่พักแล้ว ฉันจะพักที่**โรงแรม**หรือ**ที่พักแบบหอพัก**ดี?
4. ถ้าอยากสะดวกสบาย แนะนำ**โรงแรม** แต่ถ้าอยากประหยัด ลอง**ที่พักแบบหอพัก**
5. ฉันกังวลเรื่อง**กระเป๋าเดินทาง** มันจะหนักเกินไปไหม?
6. ถ้าเดินทางไกล พยายามใช้**กระเป๋าเป้**จะดีกว่า เพราะสะดวกกว่า
7. ขอบคุณนะ ฉันจะจำไว้

✤ En thaï, pour former le gérondif, on utilise "กำลัง" suivi du verbe pour indiquer une action en cours, comme dans "กำลังไป" (en train d'aller).

1. Chan ja pai **sanambin** khuan riak **theksi** rue pai **sathani rotfai** dee?
2. Tha reng duan nae nam hai riak **theksi** loei tae tha mi welah pai **sathani rotfai** go dee
3. Thueng thi phak laew chan ja phak thi **rongraem** rue **thi phak baep horphak** dee?
4. Tha yak saduak sabai nae nam **rongraem** tae tha yak prahyat long **thi phak baep horphak**
5. Chan kangwon rueang **krabao dentaang** man ja nak geun pai mai?
6. Tha denthang klai payayam chai **krabao bae** ja dee gwah pror saduak gwah
7. Khob khun na chan ja cham wai

JOUR N°69 : VOYAGE ET LIEUX II

1. Je dois aller à **l'aéroport**, est-il préférable d'appeler un **taxi** ou d'aller à **la gare** ?
2. Si c'est urgent, je recommande de prendre un **taxi** directement, mais si vous avez le temps, aller à **la gare** est aussi une bonne option.
3. Une fois arrivé à destination, devrais-je séjourner dans un **hôtel** ou dans une **auberge** ?
4. Si vous cherchez le confort, je recommande l'**hôtel**, mais si vous voulez économiser, essayez l'**auberge**.
5. Je suis inquiet pour ma **valise**. Sera-t-elle trop lourde ?
6. Si vous voyagez loin, il vaut mieux utiliser un **sac à dos** car c'est plus pratique.
7. Merci, je m'en souviendrai.

✤ En Thaïlande, le Wat Phra Kaew à Bangkok abrite le Bouddha d'Émeraude, la statue de Bouddha la plus sacrée du pays.

วันที่ 70: ตัวเลข 11-20

1. วันนี้ฉันจะไปสนามบิน เวลา **สิบเอ็ด** โมงเช้า
2. ฉันจะไปสถานีรถไฟ เวลา **สิบสอง** โมงครึ่ง
3. คุณจะใช้**แท็กซี่**ไปหรือเปล่า?
4. ไม่, ฉันจะจอง**โรงแรม**ผ่าน**เว็บไซต์** แล้วเดินทางไปด้วยสมาร์ทโฟนของฉัน
5. ฉันเห็น**อากาศ**วันนี้ชื้นมาก ต้องระวัง**เสียงฟ้าร้อง**
6. ใช่, ฉันเช็ค**พยากรณ์อากาศ**บน**แอพลิเคชัน**แล้ว บอกว่าจะมี**ฟ้าผ่า**เวลาสิบห้าโมง
7. ดีจัง, ฉันจะออนไลน์หา**ที่พัก**ที่มี**อินเทอร์เน็ต**ดีๆ รอบๆ **ยี่สิบ**โมง
8. ฉันหวังว่าคุณจะหาเจอนะ
9. ขอบคุณมาก!

✤ En thaï, pour former les nombres de 11 à 19, on commence par "sip" (dix) suivi du chiffre unité, sauf pour 11 où l'on dit "sip et" (et un).

1. wan-nii chan ja pai **sanam bin** welaa **sip-et** mong chao
2. chan ja pai **sathani rot fai** welaa **sip song** mong khrueng
3. khun ja chai **thaeksi** pai rue plao?
4. mai, chan ja johng **rong raem** phan **web sai** laew dern thang pai duay **smartphone** khong chan
5. chan hen **akat** wan-nii chuean mak tong ruang **siang fa rong**
6. chai, chan chek **phayakon akat** bon **application** laew bok wa ja mi **fa pa** welaa **sip ha** mong
7. di jang, chan ja online ha **thi phak** thi mi **internet** dii dii raup-raup **yi sip** mong
8. chan wang wa khun ja ha jor na
9. khob khun mak!

JOUR N°70 : NOMBRES 11-20

1. Aujourd'hui, je vais aller à **l'aéroport** à **onze** heures du matin.
2. Je vais à **la gare** à **douze heures et demie**.
3. Tu vas prendre un **taxi** ou pas ?
4. Non, je vais réserver un **hôtel** via un **site web** et ensuite me déplacer avec mon **smartphone**.
5. J'ai vu que le **temps** est très **humide** aujourd'hui, il faut faire attention aux **coups de tonnerre**.
6. Oui, j'ai vérifié la **météo** sur une **application** et elle indique qu'il y aura des **éclairs** à **quinze** heures.
7. Super, je vais chercher en ligne un **logement** avec une bonne **connexion internet** vers **vingt** heures.
8. J'espère que tu trouveras.
9. Merci beaucoup !

✤ En Thaïlande, l'art de la danse traditionnelle est souvent influencé par la numérologie, chaque mouvement représentant un chiffre spécifique censé apporter chance et harmonie.

DÉFI N°7

ENGAGEZ UNE CONVERSATION DE 15 MINUTES EN THAÏ SUR DES SUJETS QUOTIDIENS.

ความอดทนเป็นกุญแจสำคัญในการเรียนรู้
La patience est la clé de l'apprentissage.

วันที่ 71: ตัวเลข 21 ถึง 30

1. เธอมีหนังสือ **ยี่สิบเอ็ด** เล่มไหม?
2. ไม่, ฉันมี **ยี่สิบสอง** เล่ม.
3. ในนั้นมีนวนิยายกี่เล่ม?
4. **ยี่สิบ** เล่มเป็นนวนิยาย.
5. แล้วกวีนิพนธ์ล่ะ?
6. **มี สอง** เล่ม.
7. น่าสนใจจัง! คุณชอบอ่านเรื่องอะไรมากที่สุด?
8. ฉันชอบนิยาย **มากที่สุด**.
9. ดีจัง! ฉันก็ชอบเหมือนกัน.

✤ En thaï, pour former les nombres de 21 à 29, on commence par "ยี่สิบ" (vingt) suivi du chiffre unitaire, sauf pour 20 qui est simplement "ยี่สิบ".

1. theo mee nangseu **yee sip et** lem mai?
2. mai, chan mee **yee sip song** lem.
3. nai nan mee nuaniyai gee lem?
4. **yee sip** lem pen nuaniyai.
5. laew kweenipon la?
6. mee **song** lem.
7. na sorn jang! khun chop an rueang arai mak theesut?
8. chan chop niyai **mak theesut**.
9. dee jang! chan gor chop meuan gan.

JOUR N°71 : NOMBRES DE 21 À 30

1. Tu as **vingt-et-un** livres?
2. Non, j'en ai **vingt-deux**.
3. Combien de ces livres sont des romans?
4. **Vingt** livres sont des romans.
5. Et pour les poésies?
6. Il y en a **deux**.
7. C'est intéressant! Quel genre de lecture préfères-tu le plus?
8. Je préfère les romans **par-dessus tout**.
9. Super! Moi aussi, j'aime ça.

♣ En Thaïlande, le nombre 9 est considéré comme porte-bonheur car sa prononciation est similaire à celle du mot signifiant "progresser".

วันที่ 72: หลากหลาย ตอนที่ 1

1. วันนี้เราจะไป**พิพิธภัณฑ์**ไหม?
2. อยากไปมาก! ฉันอ่านใน**ปฏิทิน**ว่ามี**เทศกาล**วัฒนธรรมชาวพื้นเมือง.
3. เราต้องดู**ตารางเวลา**รถไฟหรือแท็กซี่เพื่อไปที่นั่น.
4. ใช่, และฉันอยากเรียนรู้เกี่ยวกับ**ประวัติศาสตร์**และ**ประเพณี**ของพวกเขา.
5. หลังจากนั้นเราจะไปหาที่**สบายๆ**กินข้าวกัน.
6. ดีมาก! ฉันหวังว่าจะเจอ**นักท่องเที่ยว**คนอื่นๆ ที่สนใจ**วัฒนธรรม**เหมือนกัน.
7. แน่นอน, มันจะเป็นวันที่ดี.

✤ En thaï, la valence d'un verbe détermine le nombre de participants nécessaires dans l'action.

1. Wan-nii rao ja pai **phiphithaphan** mai?
2. Yak pai mak! Chan an nai **patithin** wa mi **thesakan** wattanatham chao phuenthi.
3. Rao tong du **tarangwela** rotfai ruea taxicab phuea pai thi nan.
4. Chai, lae chan yak rianru kieokap **prawatisat** lae **prapeni** khong phak khao.
5. Langjan nan rao ja pai ha thi **sabai sabai** gin khao kan.
6. Di mak! Chan wang wa ja jer **nakthongthiao** khon un un thi sonjai **wattanatham** muenkan.
7. Naenon, man ja pen wan thi di.

JOUR N°72 : DIVERS I

1. Aujourd'hui, on va au **musée** ?
2. J'ai vraiment envie d'y aller ! J'ai lu dans le **calendrier** qu'il y a un **festival** de la culture autochtone.
3. On doit vérifier les **horaires** des trains ou des taxis pour y aller.
4. Oui, et j'aimerais apprendre sur l'**histoire** et les **traditions** de ces peuples.
5. Après ça, on ira trouver un endroit **confortable** pour manger.
6. Super ! J'espère qu'on rencontrera d'autres **touristes** intéressés par la **culture** comme nous.
7. Certainement, ça va être une belle journée.

✤ En Thaïlande, il existe un festival annuel des singes où des milliers de fruits et légumes sont offerts aux singes pour les remercier de leur contribution à la culture locale.

วันที่ 73: การทำอาหารและห้องครัว II

1. วันนี้เราจะทำอะไรกินดี?
2. ลองทำ**จาน**ไก่ใน**เตาอบ**ไหม?
3. ดีมาก! เราต้องใช้**มีด**หั่นไก่ก่อนนะ.
4. ใช่, แล้วเราต้องใช้**กระทะ**ผัดผักด้วย.
5. อย่าลืม**หม้อ**ต้มซุปนะ.
6. ใช่, และเราต้องเตรียม**ส้อม**และ**ช้อน**ด้วย.
7. หลังจากนั้นเราจะเก็บอาหารที่เหลือใน**ตู้เย็น**.
8. ถ้าทำขนมปัง เราต้องใช้**เครื่องปิ้งขนมปัง**ด้วย.
9. ดีมาก, ทุกอย่างพร้อมแล้ว!

✤ En thaï, pour transformer un verbe intransitif en transitif, on ajoute souvent le mot "ให้" (hai) devant le verbe.

1. wan-nii rao ja tham a-rai gin di?
2. long tham **jan** kai nai **tao op** mai?
3. di mak! rao tong chai **mit** han kai gon na.
4. chai, laew rao tong chai **krata** phat phak duay.
5. ya leum **mor** tom sup na.
6. chai, lae rao tong triam **som** lae **chon** duay.
7. lang jaak nan rao ja kep a-han thi leu nai **tu yen**.
8. tha tham khanom pang, rao tong chai **khreuang ping khanom pang** duay.
9. di mak, thuk yang phrom laew!

JOUR N°73 : CUISINE ET CUISINE II

1. Que devrions-nous cuisiner aujourd'hui ?
2. Pourquoi ne pas essayer de faire un **poulet** au **four** ?
3. Excellente idée ! Nous devons d'abord découper le poulet avec un **couteau**.
4. Oui, et nous aurons besoin d'une **poêle** pour faire sauter les légumes.
5. N'oublions pas la **casserole** pour faire la soupe.
6. Exact, et nous devons aussi préparer une **fourchette** et une **cuillère**.
7. Après cela, nous rangerons les restes dans le **réfrigérateur**.
8. Si nous faisons du pain, nous aurons besoin d'un **grille-pain** aussi.
9. Parfait, nous avons tout ce qu'il faut !

✤ En Thaïlande, l'émission "Iron Chef Thailand" a tellement popularisé la cuisine locale qu'elle a contribué à l'essor du tourisme culinaire dans le pays.

วันที่ 74: การแพทย์และสุขภาพ ภาค 2

1. ฉัน**ไข้**และ**ไอ**.
2. คุณควรไป**คลินิก**.
3. แต่ฉันยัง**ปวดหัว**และ**ปวดฟัน**.
4. คุณอาจจะต้องกิน**เม็ดยา**และดื่ม**ของเหลว**.
5. ฉันต้องไป**ร้านขายยา**หรือไม่?
6. ใช่, และอย่าลืมเอา**ใบสั่งยา**ไปด้วย.
7. ถ้าฉัน**แพ้**เม็ดยาล่ะ?
8. บอกหมอที่**คลินิก**เรื่องนี้ด้วยนะ.

✤ En thaï, les verbes intransitifs ne prennent pas d'objet direct, comme "เจ็บ" (avoir mal).

1. Chan **khai** lae **ai**.
2. Khun khuan pai **klinik**.
3. Dtae chan yang **puad hua** lae **puad fan**.
4. Khun aht ja tong kin **met ya** lae deum **khong luea**.
5. Chan tong pai **ran khai ya** rue plao?
6. Chai, lae yah leum ao **bai sang ya** pai duay.
7. Tha chan **pae** met ya la?
8. Bok mor thi **klinik** reuang ni duay na.

JOUR N°74 : MÉDICAL ET SANTÉ II

1. Je **fais de la fièvre** et j'ai **toux**.
2. Tu devrais aller à la **clinique**.
3. Mais j'ai aussi **mal à la tête** et **mal aux dents**.
4. Tu pourrais devoir prendre des **médicaments** et boire des **liquides**.
5. Dois-je aller à la **pharmacie** ?
6. Oui, et n'oublie pas de prendre ton **ordonnance** avec toi.
7. Et si je suis **allergique** aux médicaments ?
8. Parle-en aussi au médecin à la **clinique**.

✣ En Thaïlande, le roi Bhumibol Adulyadej a développé un projet de pluie artificielle pour combattre la sécheresse et améliorer la santé publique.

วันที่ 75: การศึกษาและการเรียนรู้

1. **นักเรียน** ครับ **ครู** วันนี้เรามี**การบ้าน**อะไรบ้างครับ?
2. วันนี้ต้องทำ**บทเรียน**วิชาประวัติศาสตร์และวิชาคณิตศาสตร์นะ
3. ครับ แล้วเราต้องใช้**หนังสือ**เล่มไหนบ้างครับ?
4. ใช้**หนังสือ**ที่ฉันแจกใน**โรงเรียน**เมื่อวานนี้ และอย่าลืมเขียนด้วย**ปากกา**
5. ครับ ถ้าเรามีคำถาม เราสามารถถาม**ครู**ได้ไหมครับ?
6. ได้สิ ฉันอยู่ที่นี่เพื่อช่วยเหลือ**นักเรียน**ทุกคน
7. ครับ และ**การสอบ**ครั้งถัดไปเมื่อไหร่ครับ?
8. **การสอบ**จะมีในสัปดาห์หน้า อย่าลืมเตรียมตัวให้พร้อมนะ
9. ครับ ขอบคุณครับ **ครู**

✜ En thaï, pour exprimer la réflexivité, on utilise le mot "ตัวเอง" après le verbe.

1. nakrian khrap khru wan ni rao mi kan ban a rai bang khrap?
2. wan ni tong tham bot rian wichaprawatthasat lae wichakhanitsat na
3. khrap laew rao tong chai nang su leam nai bang khrap?
4. chai nang su thi chan jaek nai rongrian muea wan ni lae ya lum khian duay pakka
5. khrap tha rao mi khamman rao samat tham khru dai mai khrap?
6. dai si chan yu thi ni pheua chuay luea nakrian thuk khon
7. khrap lae kansop khrang that dai muea rai khrap?
8. kansop ja mi nai sapda hap ya lum truam tua hai prom na
9. khrap khop khun khrap khru

JOUR N°75 : ÉDUCATION ET APPRENTISSAGE

1. **Élève** : Monsieur/Madame, quels sont nos **devoirs** pour aujourd'hui, s'il vous plaît ?
2. Aujourd'hui, vous devez travailler sur le **cours** d'histoire et le **cours** de mathématiques.
3. **Élève** : Et quels **livres** devons-nous utiliser, s'il vous plaît ?
4. Utilisez les **livres** que j'ai distribués à l'**école** hier, et n'oubliez pas d'écrire au **stylo**.
5. **Élève** : Si nous avons des questions, pouvons-nous vous demander, Monsieur/Madame ?
6. Bien sûr, je suis ici pour aider tous les **élèves**.
7. **Élève** : Et quand aura lieu la prochaine **évaluation**, s'il vous plaît ?
8. L'**évaluation** aura lieu la semaine prochaine. N'oubliez pas de vous préparer.
9. **Élève** : Merci, Monsieur/Madame.

✤ En Thaïlande, certaines écoles utilisent la méditation comme outil pédagogique pour améliorer la concentration et le bien-être des élèves.

วันที่ 76: เงินและการช็อปปิ้ง 2

1. เครื่องเบิกเงินอัตโนมัติ อยู่ที่ไหนคะ?
2. อยู่ตรงข้ามธนาคารครับ. คุณต้องการใช้ **บัตรเครดิต** หรือ **เงินสด** ครับ?
3. ฉันต้องการใช้ **เงินสด** ค่ะ. แล้ว **อัตราแลกเปลี่ยน** ดีไหมคะ?
4. ตอนนี้ **อัตราแลกเปลี่ยน** ไม่แพงครับ. คุณมี **ใบเสร็จ** จากการช็อปปิ้งไหมครับ?
5. มีค่ะ. แต่ฉันต้องการ **การคืนเงิน** สำหรับสินค้าที่ **แพง** เกินไป.
6. คุณสามารถไปที่เคาน์เตอร์บริการลูกค้าได้ครับ. พวกเขาจะช่วยเรื่อง **การคืนเงิน** ให้คุณ.
7. ขอบคุณค่ะ. แล้ว **ราคา** สินค้าที่ **ถูก** ล่ะคะ?
8. สินค้าที่ **ถูก** มักจะอยู่ในส่วนโปรโมชั่นครับ. คุณสามารถหาได้ใกล้กับทางเข้า. ขอบคุณมากค่ะ.

❖ Pour exprimer la réciprocité comme "s'acheter des cadeaux", on utilise "กัน" (kan) après le verbe.

1. **khrueang boek ngern at-no-mat** yoo thi nai kha?
2. yoo trong khaam thanakhaan khrap. khun tongkaan chai **bat kradit** rue **ngern sot** khrap?
3. chan tongkaan chai **ngern sot** kha. laew **at-raa laek plian** dee mai kha?
4. ton-nii **at-raa laek plian** mai paeng khrap. khun mee **bai sret** jaak kaan chop-ping mai khrap?
5. mee kha. tae chan tongkaan **kaan kheun ngern** samrap sinphaa thi **paeng** goen too.
6. khun saamaat pai thi khaaun-tor borihaan lukkhaa dai khrap. phwak khao ja choei rueang **kaan kheun ngern** hai khun.
7. khob khun kha. laew **raakhaa** sinphaa thi **thuuk** la kha?
8. sinphaa thi **thuuk** mak ja yoo nai suan promo-chan khrap. khun saamaat haa dai klai gap thaang khao. khob khun maak kha.

JOUR N°76 : ARGENT ET SHOPPING II

1. **Où se trouve le distributeur automatique** s'il vous plaît ?
2. Il est en face de la banque. Vous avez besoin d'utiliser une **carte de crédit** ou du **liquide** ?
3. Je veux utiliser du **liquide**. Et le **taux de change** est-il bon ?
4. Actuellement, le **taux de change** n'est pas élevé. Avez-vous un **reçu** de vos achats ?
5. Oui, j'en ai un. Mais je souhaite obtenir un **remboursement** pour les articles qui étaient **trop chers**.
6. Vous pouvez vous rendre au comptoir du service clientèle. Ils pourront s'occuper de votre **remboursement**.
7. Merci. Et qu'en est-il des prix des produits qui sont **bon marché** ?
8. Les produits **bon marché** se trouvent souvent dans la section des promotions. Vous pouvez les trouver près de l'entrée. Merci beaucoup.

✣ En Thaïlande, le film "Ong-Bak" a boosté l'économie locale en mettant en lumière l'art martial du Muay Thai à l'échelle internationale.

วันที่ 77: กินข้าวนอกบ้าน ภาค 2

1. สวัสดีครับ มาที่ร้าน**อาหาร**นี้ครั้งแรกเหรอครับ?
2. ใช่ค่ะ อยากดู**เมนู**หน่อยค่ะ
3. ครับ มี**อาหารเรียกน้ำย่อย** และ**อาหารจานหลัก** ครับ
4. มี**สลัด**กับ**แซนด์วิช**ไหมคะ?
5. มีครับ และยังมี**ขนมปังปิ้ง**กับ**แยม**ด้วยครับ
6. ดีจัง จะลอง**ขนมปังปิ้งกับแยม**ค่ะ แล้วมี**ของหวาน**อะไรบ้างคะ?
7. มี**ช็อกโกแลต**ครับ อร่อยมากครับ
8. โอเคค่ะ ขอนั่นด้วยแล้วกันค่ะ
9. ครับ รอสักครู่นะครับ

✤ En thaï, le complément d'agent dans une phrase passive est introduit par la particule "โดย" (doy).

1. Sawasdee krap, ma thi **raan aahaan** ni krang raek reo krap?
2. Chai kha, yaak duu **menu** noi kha.
3. Krap, mi **aahaan riak nam yoi** lae **aahaan jaan lak** krap.
4. Mi **salad** gap **sandwich** mai kha?
5. Mi krap, lae yang mi **khanom pang ping** gap **yam** duay krap.
6. Di jang, ja long **khanom pang ping** gap **yam** kha. Laew mi **khong wan** arai bang kha?
7. Mi **chocolate** krap, aroy mak krap.
8. Oke kha, khon nan duay laew gan kha.
9. Krap, ror sak kru na krap.

JOUR N°77 : MANGER À L'EXTÉRIEUR II

1. Bonjour, c'est votre première fois dans ce **restaurant** ?
2. Oui, je voudrais voir le **menu** s'il vous plaît.
3. Bien sûr, nous avons des **entrées** et des **plats principaux**.
4. Avez-vous des **salades** et des **sandwichs** ?
5. Oui, et nous avons aussi du **pain grillé** avec de la **confiture**.
6. Super, je vais essayer le **pain grillé** avec de la **confiture**. Et quels **desserts** avez-vous ?
7. Nous avons du **chocolat**, c'est très bon.
8. D'accord, je prendrai ça aussi, merci.
9. Bien sûr, veuillez patienter un moment, s'il vous plaît.

✤ En Thaïlande, il est courant de laisser une part de son repas inachevée en signe de respect pour l'hôte, indiquant que l'on est pleinement satisfait.

วันที่ 78: บ้านและเฟอร์นิเจอร์ 2

1. ฉันอยากซื้อ**โซฟา**ใหม่
2. ทำไมล่ะ?
3. **โซฟา**เก่าของฉันเสียแล้ว และฉันก็อยากได้**เตียง**ใหม่ด้วย
4. เราไปดูที่ร้านขาย**เฟอร์นิเจอร์**กันไหม?
5. ดีมาก ฉันยังอยากดู**ตู้เย็น**และ**เตาอบ**ด้วย
6. อย่าลืมดู**โคมไฟ**สวยๆ และ**โทรทัศน์**ใหม่นะ
7. ใช่ ฉันอยากเปลี่ยน**หน้าต่าง**และ**ประตู**ใหม่ด้วย
8. เยี่ยมมาก เราจะได้เฟอร์นิเจอร์ที่ดีที่สุด
9. แล้วเราก็จะไปกินอาหารที่**ร้านอาหาร**หลังจากนั้น

❖ En thaï, pour indiquer le complément d'instrument, on utilise la particule "ด้วย" (dûai) après l'objet utilisé.

1. Chan yaak seu **sofa** mai
2. Tham mai la?
3. **Sofa** gao khong chan sia laew lae chan kaw yaak dai **tiang** mai duay
4. Rao pai du thi ran khai **furniture** gan mai?
5. Di mak chan yang yaak du **tuu yen** lae **tao op** duay
6. Yaa leum du **khom fai** suay suay lae **thorathat** mai na
7. Chai chan yaak plian **naa taang** lae **pratu** mai duay
8. Yiam mak rao ja dai furniture thi di thi sut
9. Laeo rao ja pai gin ahan thi **ran ahan** lang jan nan

JOUR N°78 : MAISON ET MEUBLE II

1. Je veux acheter un nouveau **canapé**.
2. Pourquoi donc ?
3. Mon **canapé** ancien est cassé, et je veux aussi un nouveau **lit**.
4. On va voir dans un magasin de **meubles** ?
5. Excellente idée, je veux aussi regarder les **réfrigérateurs** et les **fours**.
6. N'oublie pas de chercher de jolies **lampes** et une nouvelle **télévision**.
7. Oui, je veux changer les **fenêtres** et les **portes** aussi.
8. Super, nous trouverons les meilleurs meubles.
9. Et ensuite, nous irons manger dans un **restaurant**.

✤ En Thaïlande, le design intérieur traditionnel intègre souvent des éléments dorés et des motifs de lotus, symbolisant la pureté et la prospérité.

วันที่ 79: สภาพอากาศ II

1. วันนี้อากาศอย่างไรบ้าง?
2. **พยากรณ์**บอกว่าจะมี**พายุ**ค่ะ.
3. จริงเหรอ? ฉันได้ยินว่าอาจจะมี**ฟ้าร้อง**และ**ฟ้าผ่า**ด้วย.
4. ใช่, และอาจจะมี**พายุเฮอริเคน**หรือ**พายุทอร์นาโด**เลยทีเดียว.
5. น่ากลัวจัง! เราควรทำอย่างไร?
6. ควรอยู่ในบ้าน, ปิด**หน้าต่าง**, และติดตามข่าว**พยากรณ์อากาศ**อย่างใกล้ชิด.
7. ถ้าเกิด**แผ่นดินไหว**หรือ**ภูเขาไฟ**ระเบิดล่ะ?
8. ต้องมี**แผนอพยพ**และ**รู้จักที่ปลอดภัย**ในบ้านค่ะ.
9. ขอบคุณนะ, ฉันจะจำไว้.

✤ En thaï, pour exprimer la manière, on utilise souvent la particule "อย่าง" (yang) avant le mot décrivant la manière.

1. wan-nii **aakat** yaang-rai bang?
2. **phayakon** bok wa ja mee **phayu** kha.
3. jing rue? chan dai yin wa aat ja mee **faa rong** lae **faa pha** duay.
4. chai, lae aat ja mee **phayu heriken** rue **phayu tornado** loei tee diao.
5. naa glua jang! rao khuan tham yaang-rai?
6. khuan yuu nai baan, pit **naa taang**, lae tit taam khao **phayakon aakat** yaang klai chit.
7. thaa koet **phaen din wai** rue **phu khao fai** rabop la?
8. tong mee phaen opphayop lae ruu jak thi plod phai nai baan kha.
9. khob khun na, chan ja jam wai.

JOUR N°79 : MÉTÉO II

1. Comment est le **temps** aujourd'hui ?
2. La **météo** annonce qu'il y aura une **tempête**.
3. Vraiment ? J'ai entendu dire qu'il pourrait y avoir des **orages** et des **éclairs** aussi.
4. Oui, et il pourrait même y avoir un **ouragan** ou une **tornade**.
5. C'est effrayant ! Que devrions-nous faire ?
6. Il faut rester à l'intérieur, fermer les **fenêtres**, et suivre les informations météorologiques de près.
7. Et si il y a un **tremblement de terre** ou une **éruption volcanique** ?
8. Il faut avoir un plan d'évacuation et connaître les endroits sûrs dans la maison.
9. Merci, je m'en souviendrai.

✤ En Thaïlande, il est courant de croire que si vous chantez en cuisinant, vous épouserez un vieux ou resterez célibataire.

วันที่ 80: งานอดิเรกและงานอดิเรก II

1. วันนี้เราจะไป**เดินป่า**กันไหม?
2. ฉันอยากไป**ว่ายน้ำ**มากกว่า แต่ถ้าอากาศชื้นเราไป**สโนว์บอร์ด**ดีกว่า
3. หลังจากนั้นเราจะไป**ซูเปอร์มาร์เก็ต**ซื้อ**เสื้อแจ็คเก็ต**ใหม่ไหม?
4. ดีมาก! แล้วเราจะไป**ร้านอาหาร**ทาน**อาหารจานหลัก**และ**ของหวาน**
5. ฉันอยากลอง**เมนู**ใหม่ในร้านนั้น พวกเขามี**ดนตรี**สดด้วย
6. แล้วเย็นนี้เราดู**ภาพยนตร์**หรือ**ละคร**ดี?
7. **ภาพยนตร์**ดีกว่า ฉันอยากเห็นการ**เต้นรำ**และการ**แสดง**ในหนัง

✤ En thaï, pour indiquer le moment où se déroule un loisir, on place le complément de temps après le verbe.

1. Wan-nii rao ja pai **doen paa** kan mai?
2. Chan yaak pai **wai naam** mak kwa, tae tha aakaat **cheun** rao pai **snowboard** dee kwa
3. Lang jaak nan rao ja pai **supermarket** seu **seua jacket** mai mai?
4. Dee mak! Laew rao ja pai **raan aahaan** tan **aahaan jaan lak** lae **kong waan**
5. Chan yaak long **menu** mai nai raan nan, phuak khao mee **dontri** sot duay
6. Laew yen-nii rao du **phap yon** rue **lakhon** dee?
7. **Phap yon** dee kwa, chan yaak hen kan **ten ram** lae **kan sadaeng** nai nang

JOUR N°80 : LOISIRS ET HOBBIES II

1. Aujourd'hui, on va **faire de la randonnée** ensemble ou pas ?
2. Je préférerais **aller nager**, mais si le temps est **humide**, mieux vaut faire du **snowboard**.
3. Ensuite, on va au **supermarché** acheter un nouveau **blouson** ?
4. Super ! Puis, on ira au **restaurant** manger un **plat principal** et un **dessert**.
5. J'aimerais essayer le **menu** nouveau de ce restaurant. Ils ont de la **musique** live aussi.
6. Et ce soir, on regarde un **film** ou une **pièce de théâtre** ?
7. Un **film** serait mieux. J'ai envie de voir des **danses** et des **performances** dans le film.

✣ Le roi de Thaïlande, Bhumibol Adulyadej, était un passionné de jazz et jouait du saxophone dans un groupe.

DÉFI N°8

PARLEZ UNIQUEMENT EN THAÏ PENDANT UNE HEURE.

ภาษาหลายภาษาเป็นหน้าต่างสู่โลก
Plusieurs langues sont des fenêtres vers le monde.

วันที่ 81: การขนส่ง ภาค 2

1. วันนี้เราจะไปที่ไหนดี?
2. อยากไป**เดินป่า**มั้ย?
3. ดีมาก! เราจะไปด้วย**รถยนต์**หรือ**รถไฟ**?
4. คิดว่า**รถไฟ**สะดวกกว่า เราไม่ต้องเหนื่อยขับ**รถยนต์**.
5. แต่ถ้าเราอยากหยุดดู**หน้าต่าง**ระหว่างทางล่ะ?
6. อืม, ถ้าอย่างนั้น**รถยนต์**ดีกว่า. เราสามารถหยุดได้ตามที่เราอยาก.
7. หลังจากเดินป่า เราจะไป**ว่ายน้ำ**ที่**เรือใหญ่**ไหม?
8. น่าสนุกดี! แต่อย่าลืมเตรียม**เก้าอี้**พกพาสำหรับพักผ่อนด้วยนะ.
9. แน่นอน! แล้วเจอกันที่**รถยนต์**ในอีกยี่สิบห้านาทีนะ.

✤ En thaï, pour indiquer un complément de lieu, on utilise souvent la particule "ที่" (thîi) avant le nom du lieu.

1. wan-nii rao ja pai thîi nǎi dii?
2. yàak pai **doen pâa** mái?
3. dii mâak! rao ja pai dûay **rót yon** rěu **rót fai**?
4. khít wâa **rót fai** sà-dwàk kwàa rao mâi tông nùeay khàp **rót yon**.
5. dtàe thâa rao yàak yùt duu **nâa tàang** rá-wàng thaang là?
6. eum, thâa yàang nán **rót yon** dii kwàa. rao sǎa-mǎat yùt dâi taam thîi rao yàak.
7. lǎng jàak doen pâa rao ja pai **wâai náam** thîi **reua yài** mǎi?
8. nâa sà-nùk dii! dtàe yàa lêum dtriiam **gâo-îi** phók-phaa sǎm-ràp phák phôn dûay ná.
9. nâe-náwn! láew jèr kan thîi **rót yon** nai èek yîi-sìp hâa ná-thii ná.

JOUR N°81 : TRANSPORT II

1. Aujourd'hui, où devrions-nous aller ?
2. Tu veux aller **faire de la randonnée** ?
3. Super ! On y va en **voiture** ou en **train** ?
4. Je pense que le **train** est plus pratique, on n'aura pas à se fatiguer à conduire la **voiture**.
5. Mais si on veut s'arrêter pour regarder les **paysages** en chemin ?
6. Hmm, dans ce cas, la **voiture** est mieux. On peut s'arrêter où on veut.
7. Après la randonnée, on va **nager** près du **bateau** ?
8. Ça a l'air amusant ! Mais n'oublie pas de préparer des **chaises** pliantes pour se reposer.
9. Bien sûr ! On se retrouve à la **voiture** dans vingt-cinq minutes alors.

✤ En Thaïlande, le Tuk-tuk, initialement inspiré de la pousse-pousse japonaise, est devenu un emblème national et un moyen de transport incontournable pour les locaux et les touristes.

วันที่ 82: ธรรมชาติและภูมิศาสตร์ 2

1. วันนี้เราจะไป**ภูเขา**ไหม?
2. ฉันอยากไป**แม่น้ำ**มากกว่า
3. แต่**มหาสมุทร**ก็สวยนะ
4. ใช่ แต่ฉันชอบ**ทะเลสาบ**มากกว่า**ทะเลทราย**
5. เราควรไป**ป่าดิบชื้น**หรือ**ป่าธรรมดา**?
6. ฉันคิดว่า**หาดทราย**น่าสนใจกว่า
7. แล้ว**หุบเขา**ล่ะ? มันเงียบสงบ
8. ถ้าเรามีเวลา เราควรไป**เกาะ**ด้วย

❖ En thaï, pour exprimer la cause, on utilise souvent la particule "**เพราะ**" (phro) avant la raison.

1. wan-nii rao ja pai phu-khao mai?
2. chan yak pai mae-nam mak-kwa
3. tae maha-samut gor suay na
4. chai tae chan chop thale-sap mak-kwa thale-sai
5. rao khuan pai pa-dip-chuen rue pa tham-ma-da?
6. chan kit wa hat-sai na-san-jai kwa
7. laew huap-khao la? man ngiap-ngop
8. tha rao mi welaa rao khuan pai ko duay

JOUR N°82 : NATURE ET GÉOGRAPHIE II

1. Aujourd'hui, allons-nous à la **montagne** ?
2. Je préfère aller à la **rivière**.
3. Mais l'**océan** est aussi beau.
4. Oui, mais je préfère le **lac** au **désert**.
5. Devrions-nous aller à la **forêt tropicale humide** ou à une **forêt** ordinaire ?
6. Je pense que la **plage** est plus intéressante.
7. Et qu'en est-il du **ravin** ? C'est paisible.
8. Si nous avons le temps, nous devrions aussi aller sur une **île**.

✤ En Thaïlande, le parc national de Khao Yai est si vaste et riche en biodiversité qu'il a été déclaré patrimoine mondial de l'UNESCO.

วันที่ 83: เวลาและกิจวัตรประจำ

1. **เมื่อวาน** เราไป **เดินป่า** ที่ภูเขา
2. จริงเหรอ? **วันนี้** คุณจะทำอะไร
3. **วันนี้** ฉันจะไป **ว่ายน้ำ** ที่แม่น้ำ
4. ดีจัง! **พรุ่งนี้** ล่ะ?
5. **พรุ่งนี้** ฉันคิดจะอยู่บ้าน ทำอาหาร **เที่ยง** และ **เย็น**
6. **ตอนนี้** คุณหิวไหม?
7. ไม่นะ, แต่ฉันจะทำข้าว **เช้า** พรุ่งนี้
8. คุณใช้ **กระทะ** หรือ **เตาอบ**?
9. ฉันใช้ **กระทะ** สำหรับทำไข่ดาว

❖ En thaï, pour exprimer le but, on utilise souvent la particule "**เพื่อ**" (pour) avant le verbe d'action.

1. **muea wan** rao pai **doen pa** thi phu khao
2. jing ro? **wan ni** khun ja tham arai
3. **wan ni** chan ja pai **wai nam** thi mae nam
4. di jang! **phrung ni** la?
5. **phrung ni** chan khit ja yu ban tham ahan **thiang** lae **yen**
6. **ton ni** khun hiu mai?
7. mai na, tae chan ja tham khao **chao** phrung ni
8. khun chai **kratha** rue **tao op**?
9. chan chai **kratha** samrap tham khai dao

JOUR N°83 : TEMPS ET ROUTINE

1. **Hier**, je suis allé **faire une randonnée** en montagne.
2. Vraiment ? **Aujourd'hui**, qu'est-ce que tu vas faire ?
3. **Aujourd'hui**, je vais **nager** dans la rivière.
4. C'est super ! Et **demain** ?
5. **Demain, je pense rester à la maison, préparer le déjeuner et** le dîner.
6. **En ce moment**, tu as faim ?
7. Non, mais je vais préparer le petit-déjeuner **demain matin**.
8. Tu utilises une **poêle** ou un **four** ?
9. J'utilise une **poêle** pour faire des œufs au plat.

❖ En Thaïlande, il est courant de commencer la journée par offrir de la nourriture aux moines lors de leur tournée matinale pour accumuler du mérite.

วันที่ 84: อารมณ์ III

1. เมื่อวานฉัน**กังวล**มาก แต่ตอนนี้ฉันรู้สึก**ผ่อนคลาย**
2. จริงหรือ? เมื่อวานฉันก็**หงุดหงิด**เพราะ**ปวดหัว**
3. วันนี้เช้าฉัน**พอใจ**กับการทำงานมาก
4. ฉันก็**ภูมิใจ**ในตัวเองเหมือนกัน เพราะเมื่อคืนทำงานเสร็จทันเวลา
5. แต่ฉันยังคงรู้สึก**กลัว**เรื่องการนัดหมายพรุ่งนี้
6. ไม่ต้อง**กังวล** ฉันเชื่อว่าทุกอย่างจะเป็นไปด้วยดี
7. ขอบคุณนะ คำพูดของเธอทำให้ฉัน**ปลื้มปิติ**
8. ฉันหวังว่าเราทั้งคู่จะไม่รู้สึก**เดียวดาย**อีกต่อไป
9. ใช่ มีเพื่อนอย่างเธอ ฉันไม่**โกรธ**หรือ**กระวนกระวาย**เลย

✤ En thaï, on utilise "ที่" (thîi) pour introduire une proposition relative qui décrit une émotion.

1. Muea wan chan **kangwon** mak tae ton ni chan ru su **phon klai**
2. Ching rue? Muea wan chan ko **ngut ngit** pror **puat hua**
3. Wan ni chao chan **por jai** kap kan tam ngan mak
4. Chan ko **phum jai** nai tua eng muean gan tam ngan set tan welah
5. Tae chan yang khong ru su **klua** reuang kan nat hmai phrung ni
6. Mai tong **kangwon** chan chuea wa thuk yang ja pen pai duay di
7. Khob khun na kham phut khong ther tham hai chan **pleum piti**
8. Chan wang wa rao thang khu ja mai ru su **diaow dai** eek tong pai
9. Chai mi phuean yang ther chan mai **krot** rue **krawun krawai** loei

JOUR N°84 : ÉMOTIONS III

1. Hier, j'étais **inquiet** mais maintenant je me sens **détendu**.
2. Vraiment ? Hier, j'étais aussi **irrité** à cause d'un **mal de tête**.
3. Ce matin, je suis très **satisfait** de mon travail.
4. Je suis aussi **fier** de moi parce que j'ai fini mon travail à temps hier soir.
5. Mais je suis toujours **effrayé** par le rendez-vous de demain.
6. Ne t'inquiète pas, je crois que tout ira bien.
7. Merci, tes mots me rendent **très heureux**.
8. J'espère que nous ne nous sentirons plus **seuls** désormais.
9. Oui, avec une amie comme toi, je ne me sens ni **fâché** ni **anxieux**.

✤ En Thaïlande, le festival Loi Krathong invite les gens à libérer des lanternes flottantes sur l'eau pour éloigner les malheurs et honorer la déesse de l'eau.

วันที่ 85: สีและรูปทรง

1. วันนี้เรามี**บทเรียน**อะไรบ้าง?
2. มี**วิชาพาสต้า** ครูให้ทำ**การบ้าน**เกี่ยวกับ**สี**และ**รูปทรง**ด้วย.
3. จริงเหรอ? เราต้องใช้**สี**อะไรบ้าง?
4. **แดง, น้ำเงิน, เขียว, เหลือง, ดำ, ขาว, เทา**, และ**ชมพู**.
5. แล้ว**รูปทรง**ล่ะ?
6. ต้องมี**กลม**และ**สี่เหลี่ยม**.
7. ฉัน**พอใจ**กับการบ้านนี้นะ.
8. ฉันก็เหมือนกัน ชอบทำอาหาร และชอบใช้**เนย**และ**พริกไทย**ใน**พาสต้า**.
9. ดีจัง! เรามาทำกันเถอะ.

✢ En thaï, pour lier une couleur et une forme, on utilise la conjonction "และ" (et), par exemple "สีแดงและวงกลม" signifie "rouge et rond".

1. wan-nii rao mii **bot-rian** a-rai bang?
2. mii **wi-chaa pa-sa-taa** kru hai tham **kan-baan** kieow-kab **si** lae **rup-song** duay.
3. jing rue? rao tong chai **si** a-rai bang?
4. **daeng, nam-ngoen, khieow, leuang, dam, khao, thao**, lae **chom-phu**.
5. laew **rup-song** la?
6. tong mii **klom** lae **si-liam**.
7. chan **pho-jai** kab kan-baan nii na.
8. chan gor muen gan chob tham a-han lae chob chai **noei** lae **phrik-thai** nai **pa-sa-taa**.
9. di jang! rao ma tham kan tue.

JOUR N°85 : COULEURS ET FORMES

1. Aujourd'hui, quels sont les **cours** que nous avons?
2. Nous avons un cours sur les **pâtes**. Le professeur nous a donné des **devoirs** sur les **couleurs** et les **formes** aussi.
3. Vraiment? Quelles **couleurs** devons-nous utiliser?
4. **Rouge, Bleu, Vert, Jaune, Noir, Blanc, Gris**, et **Rose**.
5. Et pour les **formes**?
6. Il faut inclure **rond** et **carré**.
7. Je suis **content** de ce devoir.
8. Moi aussi, j'aime cuisiner et j'aime utiliser du **beurre** et du **poivre** dans les **pâtes**.
9. Super! Faisons-le ensemble.

✤ En Thaïlande, les formes circulaires dans l'art symbolisent l'harmonie et l'infini.

วันที่ 86: ความสัมพันธ์

1. วันนี้เป็นวันอะไร?
2. วันนี้วันพุธครับ.
3. คุณมีแผนทำอะไรกับ**ครอบครัว**หรือ**เพื่อน**บ้างไหม?
4. ผมจะไปดูหนังกับ**เพื่อนร่วมงาน**ตอนเย็นครับ.
5. สนุกดีนะ คุณจะใช้**เงินสด**หรือ**บัตรเครดิต**จ่าย?
6. ผมคิดว่าจะใช้**บัตรเครดิต**ครับ.
7. แล้วพรุ่งนี้ล่ะ มีแผนอะไร?
8. พรุ่งนี้ผมจะไปเยี่ยม**ญาติ**ที่บ้านครับ.
9. ดีมากเลย ขอให้สนุกกับการพบปะ**ครอบครัวและเพื่อน**นะครับ.

✤ En thaï, la proposition adverbiale se place souvent avant le verbe principal pour préciser la relation de temps, de lieu, ou de manière.

1. wan-nii pen wan a-rai?
2. wan-nii wan phut khrap.
3. khun mii phaen tham a-rai kap **khrxpkhrxw** rue **phuean** bang mai?
4. phom ja pai du nang kap **phuean ruam-ngan** ton yen khrap.
5. sanuk dii na khun ja chai **ngoen-sot** rue **bat krèdit** jai?
6. phom khid wa ja chai **bat krèdit** khrap.
7. laew phrung-nii la mii phaen a-rai?
8. phrung-nii phom ja pai yiiam **yaatii** thi ban khrap.
9. dii mak loei khor hai sanuk kap kan phop **khrxpkhrxw** lae **phuean** na khrap.

JOUR N°86 : RELATIONS

1. Quel jour sommes-nous aujourd'hui ?
2. Aujourd'hui, c'est mercredi.
3. Avez-vous des plans avec votre **famille** ou des **amis** ?
4. Je vais aller voir un film avec des **collègues** ce soir.
5. C'est sympa. Vous allez payer en **espèces** ou par **carte de crédit** ?
6. Je pense que je vais utiliser une **carte de crédit**.
7. Et pour demain, des plans ?
8. Demain, je vais rendre visite à des **parents** chez eux.
9. Très bien. Amusez-vous bien avec votre **famille** et vos **amis**.

✤ En Thaïlande, le célèbre écrivain Sunthorn Phu a immortalisé une histoire d'amour et d'amitié dans son épopée "Phra Aphai Mani", où un prince poète et une sirène démontrent que l'amour transcende les différences.

วันที่ 87: เสื้อผ้าและเครื่องประดับ

1. วันนี้เราจะไปซื้อ**เสื้อผ้า**กันไหม?
2. อยากได้**เสื้อแจ็คเก็ต**และ**รองเท้า**ใหม่ค่ะ.
3. เราก็อยากได้**หมวก**กับ**แว่นตากันแดด**นะ.
4. แล้วคุณล่ะ? ชอบ**เสื้อ**หรือ**กางเกง**?
5. ฉันชอบ**กระโปรง**มากกว่า แต่ก็อยากได้**สร้อยคอ**สวยๆ ด้วย.
6. ฉันคิดว่า**ต่างหู**คู่ใหม่ก็จะดีนะ.
7. ใช่เลย, ซื้อกันเถอะ!

✤ En thaï, pour comparer deux choses, on utilise souvent "กว่า" (kwà) après l'adjectif, par exemple "เสื้อนี้ใหญ่กว่า" signifie "Cette chemise est plus grande".

1. Wan-nii rao ja pai sue **suea pha** kan mai?
2. Yak dai **suea jacket** lae **rong thao** mai kha.
3. Rao gor yak dai **mua** gap **waen ta gan daet** na.
4. Laeo khun la? Chob **suea** rue **kangkaeng**?
5. Chan chob **krabrong** mak kwa, tae gor yak dai **sroiy khor** suay suay duay.
6. Chan khid wa **taang huu** khuu mai gor ja dee na.
7. Chai loei, sue kan to!

JOUR N°87 : VÊTEMENTS ET ACCESSOIRES

1. Aujourd'hui, on va acheter des **vêtements** ensemble ?
2. Je veux un **blouson** et des **chaussures** neuves.
3. Moi aussi, je veux un **chapeau** et des **lunettes de soleil**.
4. Et toi ? Tu préfères les **hauts** ou les **pantalons** ?
5. Je préfère les **jupes**, mais je voudrais aussi un **collier** joli.
6. Je pense qu'une nouvelle paire de **boucles d'oreilles** serait bien aussi.
7. Exactement, allons-y !

✤ En Thaïlande, le tissu traditionnel appelé "Thai Silk" est reconnu mondialement pour sa qualité et sa méthode de fabrication unique, popularisé par Jim Thompson, un Américain qui a revitalisé l'industrie de la soie thaïlandaise dans les années 1950.

วันที่ 88: เทคโนโลยีและสื่อ 2

1. เธอดู**โทรทัศน์**ช่องไหนอยู่?
2. ฉันดูข่าวอยู่ที่ช่องสาม. แล้วเธอล่ะ?
3. ฉันชอบฟัง**วิทยุ**มากกว่า. มันสบายดี.
4. เธอได้ยินข่าวล่าสุดจาก**วิทยุ**หรือเปล่า?
5. ไม่นะ, ฉันติดตามข่าวใน**โซเชียลมีเดีย**มากกว่า.
6. ฉันก็เหมือนกัน. ฉันใช้**สมาร์ทโฟน**เช็คข่าว**ออนไลน์**.
7. แล้วเธอใช้**คอมพิวเตอร์**สำหรับงานหรือเปล่า?
8. ใช่, แต่ฉันก็ส่ง**อีเมล**และทำงานผ่าน**สมาร์ทโฟน**ได้ด้วย.
9. สะดวกจริงๆ นะ, เทคโนโลยีสมัยนี้.

✤ En thaï, pour exprimer une cause, on utilise souvent la structure "เพราะ (phro)" suivi de la cause, puis "เลย (loei)" avant le résultat.

1. theo du **thorathat** chong nai yu?
2. chan du khao yu thi chong sam. laew theo la?
3. chan chop fang **withayu** mak kwa. man sabai di.
4. theo dai yin khao lat sut ja **withayu** rue plao?
5. mai na, chan tit tam khao nai **sochial media** mak kwa.
6. chan ko meu gan. chan chai **smartphone** check khao **online**.
7. laew theo chai **computer** samrap ngan rue plao?
8. chai, tae chan ko song **email** lae tam ngan phan **smartphone** dai duay.
9. saduak jing jing na, tekhnoloyi samai ni.

JOUR N°88 : TECHNOLOGIE ET MÉDIAS II

1. Tu regardes quelle **chaîne de télévision**?
2. Je regarde les informations sur la chaîne trois. Et toi?
3. Je préfère écouter la **radio**. C'est plus relaxant.
4. Tu as entendu les dernières nouvelles à la **radio**?
5. Non, je suis plus les informations sur les **réseaux sociaux**.
6. Moi aussi. J'utilise mon **smartphone** pour vérifier les nouvelles **en ligne**.
7. Et tu utilises un **ordinateur** pour le travail ou pas?
8. Oui, mais je peux aussi envoyer des **emails** et travailler via mon **smartphone**.
9. C'est vraiment pratique, la technologie de nos jours.

✤ Le premier film thaïlandais en couleur, "Santi-Vina", a été perdu pendant des décennies avant d'être retrouvé et restauré grâce à la technologie moderne.

วันที่ 89: อาหารและเครื่องดื่ม ภาค 2

1. วันนี้คุณอยากกิน**เนื้อสัตว์**หรือ**ผัก**คะ?
2. ฉันอยากกิน**ผัก**มากกว่าครับ.
3. แล้วดื่มอะไรดีคะ? **น้ำ, โซดา,** หรือ**น้ำผลไม้**?
4. ฉันเลือก**น้ำผลไม้**ครับ.
5. คุณชอบ**ผลไม้**ชนิดไหนในน้ำผลไม้คะ?
6. ฉันชอบมะม่วงครับ.
7. ตกลงค่ะ, แล้วเพื่อนๆ ล่ะ? พวกเขาชอบดื่ม**เบียร์, ชา, หรือกาแฟ**?
8. เพื่อนฉันชอบ**ชา**ครับ.
9. โอเคค่ะ, ฉันจะเตรียมให้ทุกคนเลยนะคะ.

✤ Si tu manges du riz, tu seras rassasié.

1. Wan-nii khun yaak gin **nuea sat** rue **phak** kha?
2. Chan yaak gin **phak** mak kwa khrap.
3. Laeo deum arai di kha? **Nam, so-da, rue nam phal-lamai**?
4. Chan leuak **nam phal-lamai** khrap.
5. Khun chop **phal-lamai** chnid nai nai nam phal-lamai kha?
6. Chan chop ma-muang khrap.
7. Tok long kha, laeo pheuan pheuan la? Phak khao chop deum **bia, cha, rue ga-fae**?
8. Pheuan chan chop **cha** khrap.
9. O-khe kha, chan ja triam hai thuk khon loei na kha.

JOUR N°89 : NOURRITURE ET BOISSONS II

1. Aujourd'hui, vous préférez manger de la **viande** ou des **légumes** ?
2. Je préfère manger des **légumes**.
3. Et pour boire, que souhaitez-vous ? De l'**eau**, du **soda**, ou du **jus de fruits** ?
4. Je choisis du **jus de fruits**.
5. Quel type de **fruit** préférez-vous dans votre jus de fruits ?
6. J'aime la mangue.
7. D'accord, et vos amis ? Ils préfèrent boire de la **bière**, du **thé**, ou du **café** ?
8. Mes amis préfèrent le **thé**.
9. Ok, je vais préparer ça pour tout le monde alors.

✤ En Thaïlande, le Pad Thaï, un plat de nouilles sautées, est un incontournable des rues de Bangkok, souvent préparé sous vos yeux dans des woks brûlants.

วันที่ 90: บ้านและชีวิต

1. **บ้าน** ของเธอมีกี่ **ห้องนอน**?
2. มีสอง **ห้องนอน** หนึ่ง **ห้องน้ำ** และ **ห้องครัว** หนึ่งห้องค่ะ.
3. เธอมี **สวน** หรือ **ลาน** ไหม?
4. มี **สวน** เล็กๆ ข้าง **บ้าน** ค่ะ.
5. แล้ว **ห้องนั่งเล่น** ล่ะ? ใหญ่ไหม?
6. ไม่ค่อยใหญ่ค่ะ แต่มี **ระเบียง** สวยๆ.
7. เธอชอบทำอะไรใน **บ้าน**?
8. ชอบดู**ภาพยนตร์** และ **ว่ายน้ำ** ที่ **โรงรถ** ที่แปลงเป็นสระค่ะ.

✤ En thaï, pour indiquer qu'une action se passe avant une autre, on utilise "ก่อน" (avant) après le verbe de la première action, suivi de la seconde action.

1. **Baan** khong thoe mee gee **hong non**?
2. Mee song **hong non** neung **hong nam** lae **hong krua** neung hong kha.
3. Thoe mee **suan** rue **lan** mai?
4. Mee **suan** lek lek khaang **baan** kha.
5. Laeo **hong nang len** la? Yai mai?
6. Mai khoy yai kha tae mee **rabiang** suay suay.
7. Thoe chop tham arai nai **baan**?
8. Chop doo **phap yon** lae **wai nam** thi **rong rot** thi plaeng pen sra kha.

JOUR N°90 : MAISON ET VIE

1. **Maison** de votre a-t-elle combien de **chambres** ?
2. Elle a deux **chambres**, une **salle de bain** et une **cuisine**.
3. Avez-vous un **jardin** ou une **cour** ?
4. Il y a un petit **jardin** à côté de la **maison**.
5. Et le **salon**, il est grand ?
6. Pas très grand, mais il y a un beau **balcon**.
7. Qu'aimez-vous faire dans la **maison** ?
8. J'aime regarder des **films** et **nager** dans le **garage** transformé en piscine.

❖ En Thaïlande, la Maison de Jim Thompson est célèbre pour avoir appartenu à un espion américain qui a mystérieusement disparu dans les années 1960.

DÉFI N°9

REGARDEZ UN FILM EN THAÏ SANS SOUS-TITRES FRANÇAIS ET RÉSUMEZ L'HISTOIRE.

ทุกความสำเร็จเล็กๆ น้อยๆ ควรได้รับการเฉลิมฉลอง
Chaque petite réussite mérite d'être célébrée.

วันที่ 91: ช้อปปิ้งและร้านค้า

1. วันนี้เราจะไป**ซูเปอร์มาร์เก็ต**หรือ**ศูนย์การค้า**?
2. ไป**ศูนย์การค้า**ดีกว่า มี**ร้านค้า**เยอะกว่า.
3. อย่าลืมเอา**ตะกร้า**และ**รถเข็น**นะ.
4. ใช่ แล้วเราจะไปจ่ายที่**แคชเชียร์**เมื่อไหร่?
5. เมื่อเราเลือกซื้อของเสร็จสิ. หวังว่าจะมี**ส่วนลด**.
6. ใช่ ฉันอยากได้ของ**ลดราคา**.
7. หลังจากนั้นเราจะได้**ใบเสร็จ**เพื่อตรวจสอบ**ราคา**.
8. ดีมาก ฉันชอบช้อปปิ้งแบบนี้.

❖ En thaï, pour indiquer la position "devant le magasin", on utilise "หน้าร้าน" (nâa ráan).

1. wan-nii rao ja pai **suu-poe-maa-ket** rue **suun-yaa-kaan-kaa**?
2. pai **suun-yaa-kaan-kaa** dii gwaa, mii **raan-kaa** yoe gwaa.
3. yaa leum ao **dta-kraa** lae **rot-khen** na.
4. chai laew rao ja pai jaai thi **kae-chiian** meu-rai?
5. meua rao leuak seu khong set si. wang wa ja mii **suan-lot**.
6. chai, chan yaak dai khong **lot-raa-kaa**.
7. lang jaak nan rao ja dai **bai-sret** pheua dtruat-sop **raa-kaa**.
8. dii maak, chan chop shopping baeep nii.

JOUR N°91 : SHOPPING ET MAGASINS

1. Aujourd'hui, allons-nous au **supermarché** ou au **centre commercial** ?
2. Allons au **centre commercial**, il y a plus de **magasins**.
3. N'oublie pas de prendre le **panier** et le **chariot**.
4. Oui, et quand irons-nous payer à la **caisse** ?
5. Quand nous aurons fini de choisir nos achats. J'espère qu'il y aura des **réductions**.
6. Oui, je veux des articles en **promotion**.
7. Après cela, nous obtiendrons le **reçu** pour vérifier les **prix**.
8. Super, j'aime faire du shopping comme ça.

✜ En Thaïlande, le marché flottant de Damnoen Saduak illustre l'évolution unique du commerce de détail, où les vendeurs échangent des marchandises directement depuis leurs bateaux.

วันที่ 92: ฉุกเฉินและความปลอดภัย

1. **ฉุกเฉิน** ค่ะ! มี**ไฟ**ไหม้!
2. โทรหา**ตำรวจ** และ **รถพยาบาล** ด่วนเลย
3. คุณ**ปลอดภัย**ไหม?
4. ผม**ปลอดภัย**ครับ แต่ต้องการ**ช่วยเหลือ**
5. ผมจะทำ**การปฐมพยาบาล**ให้นะ
6. ขอบคุณครับ แล้วเราจะไป**โรงพยาบาล**ไหม?
7. ใช่ค่ะ ต้องไปให้**แพทย์**ดูอาการ
8. สถานการณ์นี้**อันตราย**มาก
9. ใช่ค่ะ แต่ตอนนี้เรา**ปลอดภัย**แล้ว

❖ En thaï, pour exprimer un but ou une intention, on utilise souvent la structure "เพื่อ" (pour) suivie de l'infinitif du verbe.

1. **chukchern** kha! mee **fai** mai!
2. thorha **tamruat** lae **rothphayaban** duanloei
3. khun **plodphai** mai?
4. phom **plodphai** khrap tae tongkan **chuayluea**
5. phom ja tham **kanpathomphayaban** hai na
6. khobkhunkhrap laew rao ja pai **rongphayaban** mai?
7. chai kha tong pai hai **phaet** duu arakan
8. sathankarn ni **antaraay** mak
9. chai kha tae tonni rao **plodphai** laew

JOUR N°92 : URGENCE ET SÉCURITÉ

1. **Urgence** ! Il y a un **incendie** !
2. Appelez la **police** et les **ambulances** tout de suite.
3. Êtes-vous **en sécurité** ?
4. Je suis **en sécurité**, mais j'ai besoin d'**aide**.
5. Je vais vous administrer les **premiers soins**.
6. Merci. Et ensuite, irons-nous à l'**hôpital** ?
7. Oui, il faut qu'un **médecin** examine votre état.
8. La situation est très **dangereuse**.
9. Oui, mais maintenant nous sommes **en sécurité**.

✤ En 2018, une équipe internationale de plongeurs a sauvé 12 garçons et leur entraîneur de football piégés dans une grotte inondée en Thaïlande pendant 17 jours.

วันที่ 93: การเดินทางและสถานที่ III

1. วันนี้คุณมีหนังสือเดินทางกับวีซ่าไหม?
2. มีครับ/ค่ะ และผม/ดิฉันก็ทำการจองที่พักและตั๋วเรียบร้อยแล้ว
3. คุณมีสัมภาระเยอะไหม?
4. ไม่ครับ/ค่ะ ผม/ดิฉันมีแค่กระเป๋าเป้หนึ่งใบและกระเป๋าเดินทางหนึ่งใบ
5. คุณเป็น**นักท่องเที่ยว**หรือ**ไกด์**ครับ/ค่ะ?
6. ผม/ดิฉันเป็นนักท่องเที่ยวครับ/ค่ะ และผม/ดิฉันมี**แผน**ที่ด้วย
7. คุณจะไป**สนามบิน**หรือ**สถานีรถไฟ**ครับ/ค่ะ?
8. ผม/ดิฉันจะไป**สนามบิน**ครับ/ค่ะ เพราะว่าพรุ่งนี้ผม/ดิฉันมีเที่ยวบินตอนเช้า
9. โอเคครับ/ค่ะ ขอให้เดินทางปลอดภัยนะครับ/ค่ะ

✤ Même s'il pleut, nous irons visiter le temple.

1. **Wan-nii** khun mee **nang-seu dern thaang** gap **visa** mai?
2. Mee khrap/kha lae phom/di-chan gor tham **kan jong** thi phak lae **tua** riap roi laew
3. Khun mee **sam-phar** yo mai?
4. Mai khrap/kha, phom/di-chan mee khae **kra-bao bpek** neung bai lae **kra-bao dern thaang** neung bai
5. Khun bpen **nak thong thiao** rue **guide** khrap/kha?
6. Phom/di-chan bpen nak thong thiao khrap/kha lae phom/di-chan mee **phaen thi** duay
7. Khun ja bpai **sanam bin** rue **sathanii rot fai** khrap/kha?
8. Phom/di-chan ja bpai **sanam bin** khrap/kha pror wa phrung-nii phom/di-chan mee thiao bin ton chao
9. Ok khrap/kha, kor hai dern thang bplod phai na khrap/kha

JOUR N°93 : VOYAGE ET LIEUX III

1. **Aujourd'hui**, avez-vous votre **passeport** et votre **visa** ?
2. Oui, monsieur/madame. Et j'ai également effectué **la réservation** de mon hébergement et de mon **billet**.
3. Avez-vous beaucoup de **bagages** ?
4. Non, monsieur/madame. J'ai juste un **sac à dos** et une **valise**.
5. Êtes-vous un **touriste** ou un **guide** ?
6. Je suis un(e) touriste, monsieur/madame. Et j'ai aussi une **carte**.
7. Vous allez à l'**aéroport** ou à la **gare** ?
8. Je vais à l'**aéroport**, monsieur/madame, car demain, j'ai un vol tôt le matin.
9. D'accord, monsieur/madame. Je vous souhaite un bon voyage.

✤ L'hôtel Oriental à Bangkok, ouvert en 1876, est considéré comme le premier hôtel de luxe en Thaïlande et a accueilli des écrivains célèbres comme Joseph Conrad et Somerset Maugham.

วันที่ 94: สัตว์และสัตว์เลี้ยง

1. คุณชอบ**หมา**หรือ**แมว**มากกว่ากัน?
2. ฉันชอบ**แมว**มากกว่า เพราะมันน่ารักและเงียบ.
3. แล้วคุณมี**นก**หรือ**ปลา**เป็นสัตว์เลี้ยงไหม?
4. ไม่, แต่ฉันมี**ม้า**อยู่ที่บ้านนอก.
5. ว้าว! คุณมี**วัว**หรือ**แกะ**ด้วยไหม?
6. ไม่, แต่เรามี**แพะ**และ**ไก่**.
7. ฉันอยากมี**หมู**เป็นสัตว์เลี้ยง.
8. จริงเหรอ? ฉันคิดว่ามันคงทำให้ฉัน**หงุดหงิด**.
9. แต่ฉันคิดว่ามันน่ารักและทำให้ฉัน**ปลื้มปีติ**.

✤ En thaï, pour ajouter une proposition explicative sur un animal, on utilise souvent "**คือ**" (khue) qui signifie "est", par exemple "**แมวคือสัตว์เลี้ยง**" (Maew khue sat liang) signifie "Le chat est un animal domestique".

1. khun chawp **hma** rue **maeo** mak kwa kan?
2. chan chawp **maeo** mak kwa pror man na rak lae ngiap.
3. laew khun mi **nok** rue **pla** pen sat liang mai?
4. mai, dtae chan mi **ma** yu thi ban nok.
5. waw! khun mi **wua** rue **kae** duay mai?
6. mai, dtae rao mi **pae** lae **kai**.
7. chan yak mi **mu** pen sat liang.
8. jing rue? chan khid wa man khong tham hai chan **ngut ngit**.
9. dtae chan khid wa man na rak lae tham hai chan **pluem piti**.

JOUR N°94 : ANIMAUX ET ANIMAUX DE COMPAGNIE

1. Vous préférez les **chiens** ou les **chats** ?
2. Je préfère les **chats**, parce qu'ils sont mignons et silencieux.
3. Et vous avez des **oiseaux** ou des **poissons** comme animaux de compagnie ?
4. Non, mais j'ai un **cheval** à la campagne.
5. Wow ! Vous avez des **vaches** ou des **moutons** aussi ?
6. Non, mais nous avons des **chèvres** et des **poules**.
7. J'aimerais avoir un **cochon** comme animal de compagnie.
8. Vraiment ? Je pense que ça me **frustrerait**.
9. Mais je trouve ça mignon et ça me rend **très heureux**.

✤ En Thaïlande, les éléphants sont considérés comme des animaux sacrés et symbolisent la prospérité et le pouvoir royal.

วันที่ 95: งานและอาชีพ

1. วันนี้เรามีการประชุมที่สำนักงานไหม?
2. มีครับ, เจ้านายบอกว่ามีการนำเสนอรายงาน.
3. พนักงานคนใหม่จะเข้าร่วมด้วยไหม?
4. ใช่, เพื่อนร่วมงานทุกคนจะมา. กำหนดส่งรายงานคือวันไหน?
5. กำหนดส่งคือวันที่ยี่สิบสอง.
6. โอเค, ฉันต้องเตรียมการจ้างงานให้เสร็จสิ้น.
7. ถ้าต้องการความช่วยเหลือ, บอกฉันนะ.
8. ขอบคุณมาก. การทำงานร่วมกันช่วยให้งานเสร็จเร็วขึ้น.
9. ใช่, ทำงานร่วมกันดีที่สุด!

❖ En thaï, pour citer quelqu'un directement sur son travail, on utilise souvent la structure "เขาบอกว่า" (il/elle a dit que) suivie de la citation exacte.

1. Wan nii rao mi **kan prachum** thi **samnakngan** mai?
2. Mi khrap, **chao nai** bok wa mi **kan nam sano** rayngan.
3. **Phanakngan** khon mai ja khao rum duai mai?
4. Chai, **phuean rum ngan** thuk khon ja ma. **Kamnot song** rayngan khue wan nai?
5. **Kamnot song** khue wan thi yisipsong.
6. Ok, chan tong triam **kan chang ngan** hai set sin.
7. Tha tongkan khwam chuay rue, bok chan na.
8. Khob khun mak. Kan tamngan rumkan chuay hai ngan set rew khuen.
9. Chai, tamngan rumkan di thi sut!

JOUR N°95 : TRAVAIL ET PROFESSION

1. Aujourd'hui, avons-nous une **réunion** au **bureau** ?
2. Oui, le **patron** a dit qu'il y aurait une **présentation** de rapport.
3. Le **nouvel employé** participera-t-il aussi ?
4. Oui, tous les **collègues** seront là. La **date limite** pour soumettre le rapport est quand ?
5. La **date limite** est le vingt-deux.
6. Ok, je dois finir les **préparatifs d'embauche**.
7. Si tu as besoin d'aide, dis-le-moi.
8. Merci beaucoup. Travailler ensemble aide à finir le travail plus rapidement.
9. Oui, c'est toujours mieux de travailler ensemble !

✤ En Thaïlande, le roi Rama IX a régné pendant 70 ans, devenant le monarque ayant eu le plus long règne dans l'histoire du pays.

วันที่ 96: วันและเดือน

1. วันนี้วันอะไร?
2. **วันจันทร์** ครับ.
3. แล้วพรุ่งนี้ล่ะ?
4. **วันอังคาร** ครับ.
5. คุณมีแผนอะไรใน **วันพุธ** บ้างไหม?
6. ผมมีการจองตั๋วไปเที่ยวในเดือนมกราคม.
7. สนุกดีนะ! แล้วใน **วันพฤหัสบดี** ล่ะ?
8. ผมต้องไปสำนักงานคุยกับเจ้านาย.
9. โชคดีนะครับ!

✤ En thaï, pour dire "Il a dit qu'aujourd'hui est lundi", on dit "เขาบอกว่าวันนี้เป็นวันจันทร์" (Khao bòk wâa wanníi bpen wan jan).

1. wan-níi wan à-rai?
2. **wan jan** khráp.
3. láew phrûng-níi là?
4. **wan ang-khaan** khráp.
5. khun mii phǎaen à-rai nai **wan phút** bâng mǎi?
6. phǒm mii gaan jɔɔng tǔa pai thîiao nai duean **makarākhom**.
7. sà-nùk dii ná! láew nai **wan phrúe-hàt-sà-bodī** là?
8. phǒm tông pai sǎm-nák-ngaan khui gàp jâo-nai.
9. chôk dii ná khráp!

JOUR N°96 : JOURS ET MOIS

1. C'est quel jour aujourd'hui ?
2. **Lundi** monsieur.
3. Et demain ?
4. **Mardi** monsieur.
5. Vous avez des plans pour **mercredi** ?
6. J'ai une réservation pour un voyage en **janvier**.
7. Ça va être sympa ! Et pour **jeudi** ?
8. Je dois aller au bureau pour parler avec mon patron.
9. Bonne chance alors !

✤ En Thaïlande, l'année 543 avant notre ère, début de l'ère bouddhiste, est utilisée comme point de départ pour le calendrier.

วันที่ 97: ร่างกายและสุขภาพ

1. วันนี้**หัว**เจ็บมาก
2. ฉันเห็น**มือ**ของเธอแดงด้วย
3. ใช่, **เท้า**ก็เจ็บเหมือนกัน
4. **แขน**และ**ขา**ของฉันไม่สบาย
5. ต้องไปหาหมอไหม?
6. ไม่, ฉันคิดว่าต้องพักผ่อน
7. **ตา**ของฉันรู้สึกดีขึ้นเมื่อปิด
8. **หู, จมูก, และปาก**ของฉันไม่มีปัญหา
9. แต่**นิ้ว**ยังเจ็บอยู่

✤ En thaï, pour exprimer une pensée ou un sentiment sur le corps et la santé en style indirect libre, on intègre directement dans la narration sans utiliser de verbe de parole, comme si le personnage pensait à haute voix : "Demain, aller chez le médecin, quelle corvée !"

1. wan-nii **hua** jep mak
2. chan hen **mue** khong thoe daeng duay
3. chai, **thao** ko jep muean gan
4. **khaen** lae **kha** khong chan mai sabai
5. tong pai ha mor mai?
6. mai, chan khid wa tong pak pon
7. **ta** khong chan ru seuk di khuen mue pit
8. **hu, jamuk, lae pak** khong chan mai mi panha
9. tae **niu** yang jep yu

JOUR N°97 : CORPS ET SANTÉ

1. Aujourd'hui, **ma tête** fait très mal.
2. Je vois que **tes mains** sont aussi rouges.
3. Oui, **mes pieds** font mal également.
4. **Mes bras** et **mes jambes** ne se sentent pas bien.
5. Faut-il aller voir un médecin ?
6. Non, je pense qu'il faut juste se reposer.
7. **Mes yeux** se sentent mieux quand ils sont fermés.
8. **Mes oreilles, mon nez, et ma bouche** ne posent pas de problème.
9. Mais **mes doigts** sont encore douloureux.

♣ En Thaïlande, la boxe thaï, ou Muay Thai, est surnommée "l'art des huit membres" car elle utilise les poings, les coudes, les genoux et les pieds.

วันที่ 98: การศึกษาและการเรียนรู้ ๒

1. วันนี้เรามีการบ้านเยอะไหม?
2. มีค่ะ แต่ฉันใช้**ปากกา**กับ**ดินสอ**เขียนลงใน**สมุด**แล้ว
3. เอา**หนังสือ**มาจาก**กระเป๋าเป้**ของฉันหน่อยได้ไหม?
4. ได้สิ ใน**ห้องเรียน**นี้หรือเปล่า?
5. ใช่ค่ะ อยู่ใน**กระเป๋าเป้**ที่โต๊ะของฉัน
6. **ครู/อาจารย์**บอกว่าเราต้องทำ**ข้อสอบ**วันไหน?
7. วันพรุ่งนี้ครับ และ**นักเรียน/เด็กศึกษา**ทุกคนต้องเตรียมตัวให้ดี
8. โอเคค่ะ ขอบคุณนะ
9. ไม่เป็นไรครับ

✤ En thaï, le verbe ne change pas selon le sujet.

1. wan-nii rao mii **kaan baan** yoe mai?
2. mii kha, tae chan chai **paak-gaa** kap **din-sao** khian long nai **samut** laew
3. ao **nang-seu** maa jaak **kra-bpao bpae** khong chan noi dai mai?
4. dai si, nai **hong rian** nii rue plao?
5. chai kha, yuu nai **kra-bpao bpae** thi to-khong chan
6. **khru/aa-jaan** bok waa rao tong tham **khor-sohp** wan nai?
7. wan phrung-nii khrap, lae **nak rian/dek suek-saa** thuk khon tong triam tua hai dii
8. o-khe kha, khop khun na
9. mai bpen rai khrap

JOUR N°98 : ÉDUCATION ET APPRENTISSAGE II

1. Aujourd'hui, avons-nous **beaucoup de devoirs** ?
2. Oui, mais j'ai déjà écrit avec un **stylo** et un **crayon** dans mon **cahier**.
3. Peux-tu me passer le **livre** de mon **sac à dos**, s'il te plaît ?
4. Bien sûr, il est dans cette **salle de classe** ?
5. Oui, il est dans le **sac à dos** sur ma table.
6. Le **professeur** a dit que nous devons passer l'**examen** quel jour ?
7. Demain, et tous les **élèves** doivent bien se préparer.
8. D'accord, merci.
9. De rien.

✤ En Thaïlande, le philosophe et roi Rama VI a introduit le système éducatif moderne et a écrit sous plus de 100 pseudonymes.

วันที่ 99: หลากหลาย 2

1. วันนี้เป็น**วันหยุด**เนอะ
2. ใช่ มี**เทศกาล**อะไรหรือเปล่า?
3. มี**การฉลองงานเลี้ยง**ใหญ่ๆ ที่หมู่บ้านของฉัน
4. จะมี**เพลง**และ**การเต้นรำ**ด้วยหรือเปล่า?
5. แน่นอน แล้วยังมี**ของขวัญ**สำหรับทุกคนด้วย
6. ฟังดูสนุกมาก เราควร**จอง**วันนี้ไว้เลย
7. ใช่ มันเป็น**ประเพณี**ที่ดีที่เราควรรักษาไว้
8. ฉันจะไม่ลืมเอา**กุญแจ**บ้านมาด้วย
9. ดีมาก พบกันที่งานเลี้ยงนะ

❖ En thaï, le sujet vient en premier, suivi du verbe, puis de l'objet, formant une structure SVO (Sujet-Verbe-Objet).

1. wan-nii bpen **wan yut** no
2. chai mi **thet-sa-gan** a-rai reu bpla?
3. mi **kan chalong ngan liang** yai-yai thi muu-ban khong chan
4. ja mi **pleng** lae **kan ten ram** duai reu bpla?
5. nae-non laew yang mi **khong khwan** sam-rap thuk khon duai
6. fang duu sanuk mak rao khuan **jong** wan-nii wai loei
7. chai man bpen **pra-phe-nii** thi di thi rao khuan rak-sa wai
8. chan ja mai lum ao **kun-jae** ban ma duai
9. di mak phob kan thi **ngan liang** na

JOUR N°99 : DIVERS II

1. Aujourd'hui, c'est un **jour férié**, n'est-ce pas ?
2. Oui, y a-t-il une **fête** quelconque ?
3. Il y a une grande **célébration**, une **fête** dans mon village.
4. Est-ce qu'il y aura de la **musique** et de la **danse** aussi ?
5. Absolument, et il y aura aussi des **cadeaux** pour tout le monde.
6. Ça a l'air très amusant, nous devrions **réserver** cette journée.
7. Oui, c'est une **tradition** que nous devrions préserver.
8. Je n'oublierai pas d'apporter les **clés** de la maison.
9. Parfait, on se voit à la **fête**.

✤ En Thaïlande, il existe un festival annuel de batailles d'eau, appelé Songkran, pour célébrer le Nouvel An bouddhiste.

วันที่ ๑๐๐: ขอแสดงความยินดีที่คุณได้ทำการเรียนจบคู่มือแล้ว

1. สวัสดี! ฉันได้ยินว่าคุณเรียนจบแล้ว ขอแสดงความยินดีด้วยนะ
2. คุณมีแผนจะฉลองยังไงบ้าง?
3. ฉันคิดว่าเราควรจัดงานเลี้ยงเล็กๆ ที่บ้านของฉัน
4. ฉันจะทำกาแฟให้ และเราสามารถฟังเพลง นั่งเก้าอี้ คุยกันผ่านหน้าต่าง
5. และฉันมีของขวัญพิเศษให้คุณด้วย
6. มันเป็นหนังสือที่ฉันคิดว่าคุณจะชอบมาก
7. หลังจากนั้น เราสามารถไปขับรถยนต์ไปรอบๆ เพื่อฉลอง
8. อย่าลืมนำโทรศัพท์และคอมพิวเตอร์ของคุณมาด้วยนะ เผื่อเราต้องการค้นหาสถานที่ใหม่ๆ ฉันหวังว่าคุณจะชอบการฉลองนี้!

✤ Pour exprimer "Félicitations pour avoir terminé le manuel", on utilise la structure "ขอแสดงความยินดีที่คุณเสร็จสิ้นคู่มือ" où "ขอแสดงความยินดี" signifie "félicitations", "ที่" est une conjonction qui introduit la raison, et "คุณเสร็จสิ้นคู่มือ" signifie "vous avez terminé le manuel".

1. Sawasdee! Chan dai yin wa khun rian job laew. Kho sa-dang khwam yin dee duay na.
2. Khun mee phaen ja chalong yang ngai bang?
3. Chan khid wa rao khuan jad ngan liang lek lek thi ban khong chan.
4. Chan ja tam kafae hai, lae rao samakhan fang pleng, nang gao ee, khuy kan phan na tang.
5. Lae chan mee khong khwan phi-set hai khun duay.
6. Man pen nangsu thi chan khid wa khun ja chop mak.
7. Lang ja nak, rao samakhan pai kap rot yon pai rop rop phuea chalong.
8. Yah leum nam to-rasap lae kom piu ter khong khun ma duay na, phuea rao tong kan khian satan thi mai. Chan wang wa khun ja chop kan chalong ni!

JOUR N°100 : FÉLICITATIONS POUR AVOIR TERMINÉ LE MANUEL ✧

1. Bonjour ! J'ai entendu dire que tu as fini tes études, félicitations !
2. Tu as prévu de célébrer ça comment ?
3. Je pensais qu'on pourrait organiser une petite fête chez moi.
4. Je ferai du café, et on pourra écouter de la musique, s'asseoir, discuter à travers la fenêtre.
5. Et j'ai un cadeau spécial pour toi aussi.
6. C'est un livre que je pense que tu vas beaucoup aimer.
7. Après ça, on pourrait aller faire un tour en voiture pour célébrer.
8. N'oublie pas d'apporter ton téléphone et ton ordinateur, au cas où on aurait besoin de chercher de nouveaux endroits. J'espère que tu aimeras cette célébration !

✤ En Thaïlande, lors des célébrations de réussite, il est courant de libérer des poissons ou des oiseaux pour apporter chance et mérite selon les croyances bouddhistes.

DÉFI N°10

PRÉPAREZ ET FAITES UNE PRÉSENTATION ORALE EN THAÏ SUR UN SUJET QUI VOUS PASSIONNE ET FILMEZ-VOUS.

การเรียนรู้วัฒนธรรมใหม่เปิดประตูสู่การเข้าใจ
Apprendre une nouvelle culture ouvre la porte à la compréhension.

BRAVO ET PROCHAINES ÉTAPES

FÉLICITATIONS

Félicitations pour avoir complété les 100 jours d'apprentissage du thaï ! Votre détermination et persévérance vous ont mené à réussir cette aventure linguistique.

Vous êtes maintenant immergé dans le thaï et avez acquis une base solide de vocabulaire, permettant de comprendre et de communiquer dans la plupart des situations quotidiennes. C'est une réalisation remarquable en si peu de temps !

Au fil des leçons, vous avez développé des mécanismes mentaux qui favorisent la compréhension spontanée et une conversation naturelle en thaï.

Soyez fier de vous. Vous avez atteint une autonomie qui vous ouvre pleinement les portes de la langue et de la culture thaïlandaise.

. . .

L'aventure continue ! Pour maintenir et affiner vos compétences en thaï :

- Pratiquez la traduction de textes du français au thaï.
- Écoutez nos audios en mode aléatoire pour renforcer et rafraîchir votre vocabulaire.
- Immergez-vous dans la langue : regardez des films et écoutez des podcasts en thaï.
- Si vous utilisez les Flashcards, continuez leur emploi quotidien.
- Communiquez en thaï, avec des locuteurs natifs ou via une I.A.

Encore bravo pour cet accomplissement ! Et à bientôt dans votre parcours d'apprentissage continu. สวัสดี (Sawasdee)

ET MAINTENANT ?

Votre réussite est indiscutable, et pour maintenir vos compétences, la pratique continue est essentielle.

Voici quelques idées pour continuer à progresser :

1. Revoyez le vocabulaire de ce manuel grâce à nos Flashcards.
2. Élevez vos compétences à un nouveau niveau en découvrant notre manuel de niveau intermédiaire ou en explorant d'autres ressources NaturaLingua.
3. Rejoignez notre communauté en ligne : partagez, apprenez et inspirez les autres. Votre parcours peut éclairer celui des nouveaux apprenants.
4. Visionnez notre formation vidéo et découvrez les secrets pour maîtriser une langue en seulement 100 jours.
5. Immergez-vous totalement dans la langue pour atteindre de nouveaux sommets.

6. Si vous êtes prêt pour un nouveau défi, pourquoi ne pas débuter une nouvelle langue avec notre collection « Apprendre úne langue en 100 jours » ?

L'apprentissage d'une langue est une aventure perpétuelle. Que vous approfondissiez cette langue ou entamiez un nouveau périple linguistique, le voyage ne connaît pas de fin.

Bravo et bonne continuation !

LES RESSOURCES COMPLÉMENTAIRES

TÉLÉCHARGEZ LES RESSOURCES ASSOCIÉES À CE MANUEL ET DÉCUPLEZ VOS POSSIBILITÉS DE RÉUSSITE.

Scannez ce QR code pour y accéder

SCANNEZ-MOI !

Ou cliquez ici 👉 **https://www.natura-lingua.com/telechargement**

- **Optimisez votre apprentissage avec l'audio :** Pour améliorer considérablement vos compétences linguistiques, nous vous conseillons vivement de télécharger les fichiers

audio qui accompagnent ce manuel. Cela renforcera votre compréhension orale et votre prononciation.

- **Améliorez votre apprentissage avec les flashcards** : Les flashcards sont d'excellents outils pour la mémorisation du vocabulaire. Nous vous encourageons fortement à les utiliser pour maximiser vos résultats. Téléchargez notre jeu de cartes, spécialement conçu pour ce manuel.

- **Rejoignez notre communauté d'apprentissage** : Si vous cherchez à échanger avec d'autres passionnés des langues via "Natura Lingua", nous vous invitons à rejoindre notre groupe en ligne. Dans cette communauté, vous aurez l'opportunité de poser vos questions, de rencontrer des partenaires d'apprentissage et de partager vos avancées.

- **Explorez davantage avec d'autres manuels Natura Lingua** : Si cette méthode vous plaît, sachez qu'il existe d'autres manuels similaires pour différentes langues. Découvrez notre collection complète de manuels pour enrichir votre expérience d'apprentissage linguistique de manière naturelle et progressive.

Nous sommes là pour vous accompagner dans votre apprentissage de la langue cible. Pour des résultats optimaux, nous vous recommandons vivement de télécharger l'audio et d'utiliser les flashcards. Ces ressources supplémentaires sont conçues pour faciliter encore davantage votre parcours.

Bonne continuation !

À PROPOS DE L'AUTEUR

François Trésorier est un polyglotte passionné et un expert en apprentissage accéléré. Il a mis au point des méthodes d'apprentissage uniques qui ont aidé plus de 31 400 personnes dans plus de 94 pays à atteindre rapidement leurs objectifs d'apprentissage.

Avec plus de 7 ans de recherche, de tests et de développement d'approches novatrices pour l'apprentissage rapide des langues, il a créé la méthode Natura Lingua. Cette méthode intuitive et naturelle, basée sur les dernières découvertes en matière de cognition, permet d'obtenir rapidement des résultats en langue.

Quand il n'est pas en train de créer de nouveaux manuels d'apprentissage des langues ou d'aider sa communauté à obtenir des résultats en langues, François mène des actions humanitaires dans le sud et l'est de l'Ukraine

Découvrez comment la méthode Natura Lingua peut transformer votre apprentissage des langues.

Visitez notre site web www.natura-lingua.com et rejoignez notre communauté dynamique d'apprenants passionnés.

PARTAGEZ VOTRE EXPÉRIENCE :

Aidez-Nous à Révolutionner l'Apprentissage des Langues

J'espère que vous avez trouvé ce manuel enrichissant et utile. Notre objectif est de démocratiser cette approche innovante et naturelle de l'apprentissage des langues, afin d'aider un maximum de personnes à atteindre rapidement et aisément leurs objectifs linguistiques. Votre soutien est essentiel pour nous. Si vous avez apprécié ce manuel, nous vous serions très reconnaissants de prendre un moment pour laisser un avis sur Amazon KDP. Votre retour est non seulement une source d'encouragement pour nous, mais aide également d'autres apprenants de langues à découvrir cette méthode. Merci infiniment pour votre contribution à notre projet et bonne continuation dans votre parcours d'apprentissage des langues !

DU MÊME AUTEUR

RETROUVEZ TOUS NOS OUVRAGES NATURALINGUA SUR NOTRE SITE INTERNET

Nous ajoutons régulièrement de nouveaux titres à notre collection. N'hésitez pas à visiter notre site pour découvrir les nouveautés :

http://www.natura-lingua.com/

Liste non-exhaustive :

- L'Anglais en 100 jours
- L'Espagnol en 100 jours
- L'Allemand en 100 jours
- L'Italien en 100 jours
- Le Portugais en 100 jours
- Le Néerlandais en 100 jours
- L'Arabe en 100 jours
- Le Russe en 100 jours
- Le Chinois en 100 jours
- Le Japonais en 100 jours

- Le Coréen en 100 jours
- L'Ukrainien en 100 jours
- Le Turc en 100 jours
- Le Suédois en 100 jours
- Le Norvégien en 100 jours
- Le Danois en 100 jours
- Le Polonais en 100 jours
- L'Hébreu en 100 jours
- Le Grec en 100 jours
- Le Roumain en 100 jours
- Le Vietnamien en 100 jours

GLOSSAIRE ESSENTIEL

LES MOTS INDISPENSABLES ET LEURS SIGNIFICATIONS

À côté de - ข้างๆ	À droite - ทางขวา	À gauche - ทางซ้าย
À l'intérieur - ข้างใน	À plus tard - เจอกันใหม่	Acheter - ซื้อ
Acteur/Actrice - นักแสดง	Actualités - ข่าว	Aéroport - สนามบิน
Aide - ช่วยเหลือ	Allergie - แพ้	Ambassade - สถานทูต
Ambulance - รถพยาบาล	Ami - เพื่อน	Ami/Amie - เพื่อน
Amis - เพื่อน	Ancien - เก่า	Animal - สัตว์
Année - ปี	Anxieux - วิตกกังวล	Août - สิงหาคม
Appareil photo - กล้องถ่ายรูป	Appartement - อพาร์ตเมนต์	Application - แอปพลิเคชัน
Après-demain - มะรืนนี้	Après-midi - บ่าย	Arbre - ต้นไม้
Arc-en-ciel - รุ้ง	Arrêter - หยุด	Arrêtez-vous ici - หยุดที่นี่
Arrivée - ถึง	Assiette - จาน	Au revoir - ลาก่อน
Au-dessus - เหนือ	Auberge - ที่พัก	Auberge de jeunesse - ที่พักแบบหอพัก
Aujourd'hui - วันนี้	Auteur/Auteure - นักเขียน	Autobus - รถบัส
Autochtone - ชาวพื้นเมือง	Automne - ฤดูใบไม้ร่วง	Automne - ใบไม้ร่วง
Avion - เครื่องบิน	Avocat(e) - ทนายความ	Avril - เมษายน
Bagages - สัมภาระ	Bagages - กระเป๋าเดินทาง	Balcon - ระเบียง
Banque - ธนาคาร	Bar - บาร์	Bas - ต่ำ
Bas - ล่าง	Bateau - เรือ	Beurre - เนย

Bière - เบียร์	Bijoux - เครื่องประดับ	Billet - ตั๋ว
Billet - ธนบัตร	Blanc - ขาว	Blessure - บาดแผล
Bleu - น้ำเงิน	Blog - บล็อก	Boeuf - เนื้อวัว
Bœuf - เนื้อวัว	Boire - ดื่ม	Boisson - เครื่องดื่ม
Bon - ดี	Bon marché - ถูก	Bonjour - สวัสดี
Bonne après-midi - สวัสดีตอนบ่าย	Bonne journée - ขอให้มีวันที่ดี	Bonne nuit - ราตรีสวัสดิ์
Bonsoir - สวัสดีตอนเย็น	Bouche - ปาก	Boucles d'oreilles - ต่างหู
Bras - แขน	Bruine - ฝนปรอยๆ	Bruyant - ดัง
Bureau - สำนักงาน	Bus - รถบัส	Ça coûte combien ? - ราคาเท่าไหร่
Cabine d'essayage - ห้องลองเสื้อผ้า	Cadeau - ของขวัญ	Café - กาแฟ
Cahier - สมุด	Caisse - เคาน์เตอร์	Caisse - เคาน์เตอร์จ่ายเงิน
Caissier / Caissière - แคชเชียร์	Calendrier - ปฏิทิน	Camion - รถบรรทุก
Canapé - โซฟา	Canyon - หุบเขา	Carré - สี่เหลี่ยม
Carte - แผนที่	Carte d'embarquement - บัตรโดยสาร	Carte de crédit - บัตรเครดิต
Carte de débit - บัตรเดบิต	Casserole - หม้อ	Célébration - การฉลอง
Centimètre - เซนติเมตร	Centre commercial - ศูนย์การค้า	Cerveau - สมอง
Chaine - ช่อง	Chaise - เก้าอี้	Chambre - ห้องนอน
Chanson - เพลง	Chant - การร้องเพลง	Chanteur/Chanteuse - นักร้อง

Chapeau - หมวก	Chariot - รถเข็น	Chat - แมว
Chaud - ร้อน	Chaussures - รองเท้า	Chef cuisinier/Chef cuisinière - เชฟ
Chemise - เสื้อ	Cher - แพง	Cheval - ม้า
Cheveux - ผม	Chèvre - แพะ	Chien - หมา
Chocolat - ช็อกโกแลต	Chocolate : Chocolat - ช็อคโกแลต : ช็อคโกแลต	Cinéma - ภาพยนตร์
Cinq - ห้า	Clé - กุญแจ	Climat - อากาศ
Clinique - คลินิก	Cochon - หมู	Collègue - เพื่อนร่วมงาน
Collier - สร้อยคอ	Combien ? - เท่าไหร่	Comment ? - อย่างไร
Comment allez vous ? - คุณสบายดีไหม?	Comment vous appelez-vous ? - คุณชื่ออะไร?	Concert - คอนเสิร์ต
Conférence - การประชุม	Confiture - แยม	Confus - สับสน
Congélateur - ตู้แช่แข็ง	Content - ดีใจ	Contenu - พอใจ
Continent - ทวีป	Contrarié - ไม่พอใจ	Contrarié - หงุดหงิด
Cou - คอ	Cour - ลาน	Courriel - อีเมล
Cousin - ลูกพี่ลูกน้อง	Cousin/Cousine - ลูกพี่ลูกน้อง	Couteau - มีด
Crayon - ดินสอ	Cuillère - ช้อน	Cuisine - ห้องครัว
Cuit au four - อบ	Culture - วัฒนธรรม	D'accord - ตกลง
D'où viens-tu ? - คุณมาจากที่ไหน	Danger - อันตราย	Dans - ใน
Danse - การเต้น	Danse - การเต้นรำ	Date limite - กำหนดส่ง

De rien - ไม่เป็นไร	Décembre - ธันวาคม	Décontracté - สบายๆ
Demain - พรุ่งนี้	Dent - ฟัน	Dentiste - ทันตแพทย์
Départ - ออกเดินทาง	Derrière - ข้างหลัง	Désert - ทะเลทราย
Désolé - เสียใจ	Dessert - ของหวาน	Dessin - วาดรูป
Détendu - ผ่อนคลาย	Détendu/Détendue - ผ่อนคลาย	Deux - สอง
Devise - สกุลเงิน	Devoirs - การบ้าน	Dimanche - วันอาทิตย์
Distributeur automatique de billets - เครื่องเบิกเงินอัตโนมัติ	Distributeur automatique de billets (DAB) - เอทีเอ็ม	Dix - สิบ
Dix-huit - สิบแปด	Dix-neuf - สิบเก้า	Dix-sept - สิบเจ็ด
Doigt - นิ้วมือ	Doigt - นิ้ว	Dos - หลัง
Doux - นุ่ม	Douze - สิบสอง	Droite - ขวา
Dur - แข็ง	Eau - น้ำ	École - โรงเรียน
Écran - หน้าจอ	Effrayé - กลัว	Élevé - สูง
Emploi - การจ้างงาน	Emploi du temps - ตารางเวลา	Employé(e) - พนักงาน
En colère - โกรธ	En ligne - ออนไลน์	Enchanté de te rencontrer ! - ยินดีที่ได้พบคุณ
Enfants - ลูกๆ	Enseignant - ครู	Enseignant(e) - ครู
Enseignant/Professeur - ครู/อาจารย์	Ensoleillement - แดด	Ensoleillement - แดดจ้า
Entre - ระหว่าง	Entrée - อาหารเรียกน้ำย่อย	Épaule - ไหล่
Épicerie - ร้านขายของชำ	Escalier - บันได	Espèces - เงินสด

Et - และ	Et vous ? - คุณล่ะ?	Étang - บึง
Été - ฤดูร้อน	Été - ร้อน	Étudiant - นักเรียน
Étudiant/Élève - นักเรียน/เด็กศึกษา	Examen - การสอบ	Examen - ข้อสอบ
Excité - ตื่นเต้น	Excité/Excitée - ตื่นเต้น	Excusez-moi - ขอโทษครับ/ค่ะ (ครับ pour les hommes, ค่ะ pour les femmes)
Famille - ครอบครัว	Femme - หญิง	Femme - ภรรยา
Fenêtre - หน้าต่าง	Festival - เทศกาล	Fête - งานเลี้ยง
Feu - ไฟ	Feu - ไฟ	Feuille - ใบไม้
Février - กุมภาพันธ์	Fiancé/Fiancée - คู่หมั้น	Fiction - นิยาย
Fier - ภูมิใจ	Fier/Fière - ภูมิใจ	Fièvre - ไข้
Film - ภาพยนตร์	Fleur - ดอกไม้	Flocon de neige - [หิมะ]
Forêt - ป่า	Forme - รูปร่าง	Foudre - ฟ้าผ่า
Four - เตาอบ	Fourchette - ส้อม	Frère - พี่ชาย / น้องชาย (selon l'âge relatif)
Frit - ทอด	Froid - เย็น	Fromage - ชีส
Fruit - ผลไม้	Fruits - ผลไม้	Garage - โรงรถ
Gare - สถานีรถไฟ	Gare ferroviaire - สถานีรถไฟ	Gâteau - เค้ก
Gauche - ซ้าย	Genou - เข่า	Gérant(e) - ผู้จัดการ
Glace - ไอศกรีม	Grand - ใหญ่	Grands-parents - ย่า / ยาย (pour la grand-mère) et ตา / ปู่ (pour le grand-père)
Grillé - ย่าง	Grille-pain - เครื่องปิ้งขนมปัง	Gris - เทา

Grotte - ถ้ำ	Groupe - วงดนตรี	Guide - ไกด์
Haut - บน	Hauteur - ความสูง	Herbe - หญ้า
Heure - ชั่วโมง	Heureux/Heureuse - สุขใจ	Hier - เมื่อวาน
Histoire - ประวัติศาสตร์	Hiver - หนาว	Homme - ชาย
Hôpital - โรงพยาบาล	Hôpital - โรงพยาบาล	Horloge - นาฬิกา
Hôtel - โรงแรม	Huit - แปด	Humide - ชื้น
Ice-cream : Glace - ไอศกรีม : ไอศกรีม	Ici - ที่นี่	Île - เกาะ
Imprimante - เครื่องพิมพ์	Inquiet - กังวล	Inquiet/Inquiète - กังวล
Internet - อินเทอร์เน็ต	J'achète - ฉันซื้อ	J'ai - ฉันมี
J'ai [âge] ans - ฉันอายุ [อายุ] ปี	J'ai besoin - ฉันต้องการ	J'aime la musique et le sport - ฉันชอบดนตรีและกีฬา
J'habite à [ville/pays] - ฉันอยู่ที่[เมือง/ประเทศ]	Jambe - ขา	Janvier - มกราคม
Jardin - สวน	Jaune - เหลือง	Je comprends - เข้าใจ
Je donne - ฉันให้	Je m'appelle... - ฉันชื่อ...	Je peux - ฉันสามารถ
Je plaisante - ฉันล้อเล่น	Je regarde - ฉันดู	Je sais - ฉันรู้
Je suis - ฉันคือ	Je suis [profession] - ฉันเป็น [อาชีพ]	Je t'aime - ฉันรักคุณ
Je vais - ฉันจะไป	Je vais bien - ฉันสบายดี	Je viens de [ville/pays] - ฉันมาจาก[เมือง/ประเทศ]
Je voudrais - ฉันอยากได้	Jeudi - วันพฤหัสบดี	Jouer - เล่น
Jour - วัน	Joyeux - สุขใจ	Joyeux/Joyeuse - ร่าเริง

Juice : Jus - น้ำผลไม้ : น้ำผลไม้	Juillet - กรกฎาคม	Juin - มิถุนายน
Jungle - ดงดิบ	Jungle - ป่าดงดิบ	Jungle - ป่าดิบชื้น
Jupe - กระโปรง	Jus - น้ำผลไม้	Kilogramme - กิโลกรัม
Là - ที่นั่น	Là-bas - ที่นั่น	Lac - ทะเลสาบ
Lait - นม	Lampe - โคมไฟ	Large - กว้าง
Largeur - ความกว้าง	Leçon - บทเรียน	Lecture - การอ่าน
Léger - เบา	Légumes - ผัก	Lent - ช้า
Lequel ? / Laquelle ? - ไหน	Liquide - ของเหลว	Lit - เตียง
Livre - หนังสือ	Loin - ไกล	Long - ยาว
Longueur - ความยาว	Lourd - หนัก	Lundi - วันจันทร์
Lunettes de soleil - แว่นตากันแดด	Magasin - ร้านค้า	Mai - พฤษภาคม
Main - มือ	Maintenant - ตอนนี้	Maison - บ้าน
Mal de dents - ปวดฟัน	Marché - ตลาด	Mardi - วันอังคาร
Mardi, - วันอังคาร,	Mari - สามี	Marron - น้ำตาล
Mars - มีนาคม	Matière - วิชา	Matin - เช้า
Mauvais - ไม่ดี	Maux de tête - ปวดหัว	Médecin - แพทย์
Médecin - หมอ	Médecin - แพทย์	Médicament - ยา
Menu - เมนู	Mer - ทะเล	Merci - ขอบคุณ

merci ! - ขอบคุณ!	Mercredi - วันพุธ	Mère - แม่
Mètre - เมตร	Métro - รถไฟฟ้าใต้ดิน	Midi - เที่ยง
Milk : Lait - นม : นม	Minuit - เที่ยงคืน	Minute - นาที
Mois - เดือน	Montagne - ภูเขา	Mot de passe - รหัสผ่าน
Mouillé - เปียก	Mouton - แกะ	Mur - ผนัง
Musée - พิพิธภัณฑ์	Musique - เพลง	Musique - ดนตรี
Natation - ว่ายน้ำ	Navigateur - เบราว์เซอร์	Navire - เรือ
Navire - เรือใหญ่	Nerveux - กระวนกระวาย	Nerveux/Nerveuse - กระวนกระวาย
Neuf - เก้า	Neveu - หลานชาย	Nez - จมูก
Nièce - หลานสาว	Noir - ดำ	Nom d'utilisateur - ชื่อผู้ใช้
Non - ไม่	Non-fiction - หนังสือเชิงสารคดี	Nouveau - ใหม่
Novembre - พฤศจิกายน	Nuage - เมฆ	Nuit - คืน
Océan - มหาสมุทร	Octobre - ตุลาคม	Œil - ตา
Œuf - ไข่	Oiseau - นก	Oncle - ลุง หรือ น้า ขึ้นอยู่กับว่าเป็นพี่หรือน้องของพ่อแม่
Oncle - ลุง หรือ น้า (en fonction de la relation familiale)	Onze - สิบเอ็ด	Or - ทอง
Orange - ส้ม	Ordinateur - คอมพิวเตอร์	Ordinateur portable - แล็ปท็อป
Ordonnance - ใบสั่งยา	Oreille - หู	Où ? - ไหน
Où habites-tu ? - คุณอยู่ที่ไหน	Oui - ใช่	Ouragan - พายุเฮอริเคน

Pain - ขนมปัง	Panier - ตะกร้า	Pantalon - กางเกง
Par ici - ทางนี้	Par là - ทางนั้น	Parc - สวนสาธารณะ
Parent - ญาติ	Parents - พ่อแม่	Partenaire - หุ้นส่วน
Partenaire - คู่คำ หรือ แฟน (en fonction du contexte)	Partenaire - คู่คำ	Passeport - หนังสือเดินทาง
Pastry : Pâtisserie - ขนมอบ : ขนมอบ	Pâtes - พาสต้า	Patron/Patronne - เจ้านาย
Peau - ผิวหนัง	Peinture - จิตรกรรม	Père - พ่อ
Petit - เล็ก	Petit-fils - หลานชาย	Petite-fille - หลานสาว
Peut-être - อาจจะ	Pharmacie - ร้านขายยา	Photographie - การถ่ายภาพ
Pie : Tarte - พาย : พาย	Pièce - ห้อง	Pièce de monnaie - เหรียญ
Pièce de théâtre - ละคร	Pied - เท้า	Pilule - เม็ดยา
Plafond - เพดาน	Plage - หาดทราย	Plante - พืช
Plat principal - อาหารจานหลัก	Plein - เต็ม	Pluie - ฝน
Poêle - กระทะ	Poésie - กวีนิพนธ์	Poids - น้ำหนัก
Poisson - ปลา	Poitrine - หน้าอก	Poivre - พริกไทย
Police - ตำรวจ	Police - ตำรวจ	Porc - หมู
Port - ท่าเรือ	Porte - ประตู	Pouce - นิ้ว
Poulet - ไก่	Pourquoi ? - ทำไม	Premiers secours - การปฐมพยาบาล
Près - ใกล้	Présentation - การนำเสนอ	Président(e) - ประธาน

Prévision - พยากรณ์	Printemps - ฤดูใบไม้ผลิ	Printemps - [ฤดูใบไม้ผลิ]
Prix - ราคา	Proche - ใกล้	Qu'aimes-tu ? - คุณชอบอะไร
Quand ? - เมื่อไหร่	Quarante - สี่สิบ	Quatorze - สิบสี่
Quatre - สี่	Que fais-tu dans la vie ? - คุณทำอะไร	Quel âge avez-vous ? - คุณอายุเท่าไหร่?
Quel jour sommes-nous aujourd'hui ? - วันนี้วันอะไร?	Quelle heure est-il ? - กี่โมงแล้ว	Qui ? - ใคร
Quinze - สิบห้า	Quoi ? - อะไร	Radio - วิทยุ
Randonnée - เดินป่า	Rapide - เร็ว	Rapport - รายงาน
Ravi - ปลื้ม	Ravi - ปลื้มปีติ	Reçu - ใบเสร็จ
Réduction - ส่วนลด	Réfrigérateur - ตู้เย็น	Regarder - ดู
Remboursement - การคืนเงิน	Réseaux sociaux - โซเชียลเน็ตเวิร์ก	Réseaux sociaux - โซเชียลมีเดีย
Réservation - การจอง	Restaurant - ร้านอาหาร	Retardé - ล่าช้า
Réunion - การประชุม	Rivière - แม่น้ำ	Riz - ข้าว
Roman - นวนิยาย	Rond - กลม	Rose - ชมพู
Rôti - ย่าง	Rouge - แดง	Ruisseau - ลำธาร
S'il vous plaît - กรุณา	Sac à dos - กระเป๋าเป้	Salade - สลัด
Salle de bain - ห้องน้ำ	Salle de classe - ห้องเรียน	Salon - ห้องนั่งเล่น
Salut - สวัสดี	Samedi - วันเสาร์	Sandwich - แซนด์วิช
Sec - แห้ง	Seconde - วินาที	Seize - สิบหก

Semaine - สัปดาห์	Sept - เจ็ด	Septembre - กันยายน
Serrure - ล็อก	Serveur/Serveuse - พนักงานเสิร์ฟ	Seul - เดียวดาย
Seul/Seule - เหงา	Site web - เว็บไซต์	Six - หก
Ski - สกี	Smartphone - สมาร์ทโฟน	Snowboard - สโนว์บอร์ต
Soda - โซดา	Soda : Soda - โซดา : โซดา	Sœur - พี่สาว / น้องสาว (selon l'âge relatif)
Soir - เย็น	Sol - พื้น	Solde - ลดราคา
Soupe - ซุป	Souris - หนู	Sous - ใต้
Stressé - เครียด	Stylo - ปากกา	Supermarché - ซูเปอร์มาร์เก็ต
Sur - บน	Sûr - ปลอดภัย	Table - โต๊ะ
Taille - ขนาด	Tante - ป้า หรือ น้า ขึ้นอยู่กับว่าเป็นพี่หรือน้องของพ่อแม่	Tante - ป้า หรือ น้า (en fonction de la relation familiale)
Taux de change - อัตราแลกเปลี่ยน	Taxi - แท็กซี่	Télécharger - ดาวน์โหลด
Télécommande - รีโมท	Télécommande - รีโมทคอนโทรล	Téléphone - โทรศัพท์
Télévision - โทรทัศน์	Tempête - พายุ	Temps - เวลา
Terminal - อาคารผู้โดยสาร	Tête - หัว	Thé - ชา
Théâtre - โรงละคร	Toast - ขนมปังปิ้ง	Toast : Toast - โทสต์ : โทสต์
Toit - หลังคา	Tonnerre - เสียงฟ้าร้อง	Tonnerre - ฟ้าร้อง
Tornade - พายุทอร์นาโด	Touriste - นักท่องเที่ยว	Tourner - เลี้ยว
Tournez à droite - เลี้ยวขวา	Tournez à gauche - เลี้ยวซ้าย	Tout droit - ตรงไป

Toux - ไอ	Tradition - ประเพณี	Train - รถไฟ
Tramway - รถราง	Tranquille - สงบ	Treize - สิบสาม
Tremblement de terre - แผ่นดินไหว	Trente - สามสิบ	Trente et Un - สามสิบเอ็ด
Trente-Cinq - สามสิบห้า	Trente-Deux - สามสิบสอง	Trente-Huit - สามสิบแปด
Trente-Neuf - สามสิบเก้า	Trente-Quatre - สามสิบสี่	Trente-Sept - สามสิบเจ็ด
Trente-Six - สามสิบหก	Trente-Trois - สามสิบสาม	Triste - เศร้า
Trois - สาม	Tu me manques - ฉันคิดถึงคุณ	Un - หนึ่ง
Université - มหาวิทยาลัย	Urgence - ฉุกเฉิน	Vacances - วันหยุด
Vache - วัว	Valise - กระเป๋าเดินทาง	Vallée - หุบเขา
Vélo - จักรยาน	Vendre - ขาย	Vendredi - วันศุกร์
Vert - เขียว	Veste - เสื้อแจ็คเก็ต	Vêtements - เสื้อผ้า
Viande - เนื้อสัตว์	Vin - ไวน์	Vingt - ยี่สิบ
Vingt et Un - ยี่สิบเอ็ด	Vingt-Cinq - ยี่สิบห้า	Vingt-Deux - ยี่สิบสอง
Vingt-Huit - ยี่สิบแปด	Vingt-Neuf - ยี่สิบเก้า	Vingt-Quatre - ยี่สิบสี่
Vingt-Sept - ยี่สิบเจ็ด	Vingt-Six - ยี่สิบหก	Vingt-Trois - ยี่สิบสาม
Visa - วีซ่า	Visage - หน้า	Voisin/Voisine - เพื่อนบ้าน
Voiture - รถยนต์	Volcan - ภูเขาไฟ	Water : Eau - น้ำ : น้ำ
Week-end - สุดสัปดาห์	Wi-Fi - ไวไฟ	Wine : Vin - ไวน์ : ไวน์

Made in United States
Orlando, FL
09 February 2025